東京外国語大学言語文化学部 編

言葉から社会を考える

この時代に〈他者〉とどう向き合うか

　東京外国語大学は、1873年建学の東京外國語學校に由来するが、その歴史は明治から昭和にかけての我が国の外国との関わりに翻弄されてきた。この間の日本の外国語に対する眼差しと態度に左右されてきたと言ってもよく、一時期は廃校にされ、ある時は校名が「東京貿易殖民語學校」へ改められそうになり、戦時中には東京外事専門学校に改編された。提供する言語も、1873年には英・仏・独・露・清（中）の5学科で始まったが、1880年代には露・清・朝鮮語の3学科に限定された。さらに高等商業学校に併合されるなどの紆余曲折を経て、1899年には東京外国語学校として独立し8学科（英・仏・独・露・西・伊・清・韓語）をもち、20世紀初めにはアジア系諸語と葡語を加えて14学科となった。

　こうして本学の教育体制は、我が国のアジアや中南米との「貿易」「拓殖」といった社会的要請の絡みで充実していき、海外に飛躍する人材を輩出してきた。外国語の修得は、その言葉を話す地域についての深い文化理解と切り離してはあり得なかった。そして本学での学びを通して文学者や翻訳者として活躍する人物も数多く生まれたのである。独立期に教務主任であった浅田栄次（英語教育）の言葉はいまなお私たちの心に響く。「語学専門なるも通辯（つうべん）たるなかれ、西洋の文物を学び世界的人物と作（な）れ、アングロサキソンの精神を学べ」。21世紀のいま、私たちは世界諸地域の様々な「言葉」と「精神」を等しく知らなければならない。それがグローバリズムの偏重にあらがう第一歩であろう。

東京外国語大学学長
立石博高

目次

座談会
言語と文化の多様性を生きる

武田千香（司会）
藤縄康弘
橋本雄一
沼野恭子
立石博高

（構成：伊藤達也）

【前篇】041　【後篇】083

その眼差しは誰のものなのか？

金指久美子 ❖ 小さいわりには複雑 010
降幡正志 ❖ バンドゥン今昔、そして…… 013
花本知子 ❖ ローザかローサか？ 016
成田節 ❖ 移民と若者言葉 019
水野善文 ❖ 人と世界 022
上田広美 ❖ 日々の想いをうたう 025
森田耕司 ❖ シベリアで見つけた痕跡 029
宇戸清治 ❖ 映画に見る方言の復権 032
中澤英彦 ❖ 時間と自然の彼方に 036

わたしの声は わたしのものなのか？

長渡陽一 ● 識字率から考える 052
野村恵造 ● 〈帝国〉という幻想 056
五十嵐孔一 ● 聞く、話す、そしてその先へ 059
秋廣尚恵 ● 多様性がもたらす豊かさ 062
野元裕樹 ● 英語格差を生きる 065
野平宗弘 ● ベトナムの「存在」論 068
丹羽京子 ● 語彙は歴史を物語る 071
菅原睦 ● 殉教者たちの橋 074
川上茂信 ● 世界は見えるか 077

いかに彼らと 生きるのか？

長屋尚典 ● 越境する 092
黒澤直俊 ● 多極化・多元化するルゾフォニア 095
荒川洋平 ● やさしい日本語 099
萬宮健策 ● 『君の記憶』の記憶 102
加藤晴子 ● 同じ世界の異なる見方 106
鈴木玲子 ● 変わるものと変わらないもの 110
岡野賢二 ● 受容する伝統 113
吉枝聡子 ● 母語の誉れ、そのわけは…… 116
温品廉三 ● 民族文字の復興 120

❖巻頭言❖
立石博高 003

❖付録❖
関連年表① 040
関連年表② 082
執筆者一覧 124

> その眼差しは
> 誰のものなのか？

小さいわりには複雑

金指久美子

チェコ語
[主な使用地域] チェコ
[母語とする話者数] 約1000万人
[文字] ラテン文字

　チェコ語ってどこで話されているのですか。大学のオープンキャンパスにやってくる高校生のうち毎年1人は必ずこんな質問をする。チェコ語はチェコ共和国で話されています。すみません、単純で。チェコ共和国の9割以上の人が、自分はチェコ人でチェコ語を話すと国勢調査で申告している。だからこう答えてしまうのだが、本当はそれほど単純ではない。

　18世紀末のこと。それまで約200年にわたってハプスブルク家の支配下にあったチェコ人はチェコ語を公の場で用いていなかった。チェコ語は地方でほそぼそと使われていたにすぎないちっぽけな存在だった。ところが18世紀末になると、やっぱり私たちってチェコ人だよねーという声が上がる。そして、チェコ人はチェコ語でしょ、と盛り上がり、急にチェコ語に関心が寄せられるようになった。

　チェコ語で芸術作品も新聞も学術文献も行政文書も書き表したい。チェコ語で自分の思いを自由に語りたい。でも、どう書いたらいいのか、どう話したらいいのか。なんといっても200年もの間ほったらかしに近い状態だったのである。チェコの知識人たちはチェコ語を使いこなせず、この言語を系統立てて学ぶ必要があった。

　このとき、地方の農民のことばに耳を傾けようという選択肢もあったとは思う。ところがそうはしなかった。18世紀末からさらにさかのぼること200年、16世紀から17世紀に書かれた文献をもとに、チェコ語のあるべき姿、つまり規範を作り上げてしまった。そのころのチェコは輝いていたし、その言語は優美で洗練されているように思えたからである。

　こうして出来上がった標準チェコ語は実際の生活からは少し浮いてしまった。現在に至るまで、現実との折り合いをつけるために何度も微調整を繰り返してはいるが、それでも標準語は学校で学ばなければ使いこなせるようにはならない。たとえチェコで生まれ育ったとしても、自然に身につくことはないのである。ただし、自然に身についたチェコ語と標準チェコ語が全く理解できないほどかけ離れているわけではない（地域差はある）。読めばわかるし聞けばわかるが、能動的に使えるようになるためには学ばなくてはならない。

　ある年の夏、チェコ語のサマースクールに参加した。週末、授業のない日は遠足がある。引率の先生の1人が、5歳くらいのお子さんを連れて来た。かわいい男の子である。みんなでさっそくその子をとりかこんで、「お名前は」とか「何歳なの」とか「猫は飼っているの」とか、習い覚えたチェコ語で訊いてみる。人懐こい子で、元気よく答えてくれるのだが、ときどきわからないことをいう。そのとき、先生が「ごめんなさいね、この子は

まだ小学校に上がっていないから、標準語を知らないの」と申し訳なさそうにいった。ちょっとした違いでも、母語話者ではないと理解が大きく妨げられることを実感したし、また、たとえ親が標準語を話せても、家庭で子どもにそれを教え込むとは限らないとわかった。

標準チェコ語はチェコの人「みんな」に語りかけるとき、「みんな」が読んだり聞いたりすることが想定されるときに使用することが暗黙のうちに強く求められる。新聞や雑誌の記事、テレビやラジオのアナウンサーが語るチェコ語がこれにあたる。大学の講義や国会の審議もふつうは標準チェコ語でおこなわれる。

以前、チェコの若者ことばを卒論のテーマにした学生がいた。ティーンエイジャー向けの雑誌の投稿欄から資料を集めようと試みた。結果は、「思ったよりも保守的なんですね」。仲間内ではどのように話していようと、投稿となると話は別のようだった。投稿者が自ら標準語を選んだのかもしれないし、投稿を受けつけた編集者が標準語に変えてしまったのかもしれない。いずれにしても、たくさんの人の目に触れるものだからという心理がどこかで働いたことは間違いないだろう。

別の学生は、ネット上で複数の人たちとつながりながら「おしゃべり」しているとき、同じようなことに遭遇した。テーマはサッカー。ファンの人たちが集いリラックスしてああだ、こうだと画面上でいいあっているのに、「そのことばづかいは違うんじゃないの」と本題とはずれたところでツッコミが入るのだ

そうだ。サッカーの話をしているときに「1個上の友達が」といったら、「1歳上でしょ」といわれるようなものだろう。

そんなチェコ人はディクテーションを妙に重視する。チェコ語は文字と発音の関係がとてもよく整理されていて、原則として1つの文字は1つの音を表わす。たとえば、a という文字は常に口を大きくはっきり開けて「ア」と発音すればいい。英語の ape, apple, art の a の発音がどれも異なっているのとは違って、実にわかりやすい。新入生を迎えた第1回目の授業で、「これからみなさんが学ぶチェコ語は覚えなければいけない文法事項が山ほどあって大変なのですが、文字と発音の関係だけはとても簡単です」と述べてさきほどの a の話をしたら、「いいじゃん!」という声が上がった。

ところが、ディクテーションなのである。旅行中にたまたまテレビをつけていたら、ディクテーション番組の放送中だった。チェコの有名な脚本家兼俳優のズデニェク・スヴェラークがゆったりとテキストを読み上げ、一定の時間の後に画面に正解が現れる。その後スヴェラークが登場し、ポイントを解説するという番組だった。確かに1字1音が原則とはいっても、聞いたようには書けないところも少しはある。「私わ」とか「学校え」とか書いてはいけないような決まり事だ。それはそうなのだが、そこまでディクテーションに力を入れなければいけないのか。あるとき「チェコ人の先生の授業ではディクテーションをしますか」と学生たちに尋ねてみたら、いっせいにうなずいた。チェコ共和国内の国語(チェ

コ語）教育にディクテーションが確固たる位置を占めていることは確実である。

　それほどまでにきちんと綴らなければと心がけているわりに、文字の形には意外と無頓着である。手書き文字は、はっきりいってド下手な人が少なくない。もっとも、これは第二次世界大戦後の傾向のようではある。チェコの古道具屋で売られている古い絵葉書や封筒に書かれた文字は、それは見事で美しい。戦後、習字教育に力を入れなくなったらしく、今は大人になってから手で書くものはサイン程度だという。だから、偽造されないように個性的に書けば充分とされ、文字の美しさにはそれほどこだわらない人が多い。

　話を戻そう。普段どのように話していようと、いざというときにはちゃんとしたチェコ語を使わなければと考えている人が多いようなのである、文字の形は別として。それが教育を受けた証でもある。

　もちろん、現実感を重視する小説や脚本には、標準チェコ語はそれほど登場しない。標準語に感情や実感を乗せることに違和感があるようだ。血の通った、生きたことばという気がしないのだろう。文献の言語から出発したのだから当然といえる。

　東部のモラヴィア地方の人たちは自分たちの方言を大切にする。西部のボヘミア地方の人たちもそうなのだが、首都プラハを抱えるこの地方の人たちは、ボヘミア諸地域で共通して使える、地域間方言を用いることが多い。これは次第に東部へも広まりつつあり、国全体に完全に浸透したわけではないが共通チェコ語と呼ばれている。

　方言や共通語は、そこで暮らしていれば母語話者として自然に身につく。そして、現実の変化に対応しやすい。ただ、方言にも共通語にも規範がない。どう書くべきかはもちろん、どう話すべきかという決まりがないのである。

　堅苦しい標準語よりも、生き生きとしたことばの方を習いたい人もいるし、教えたい人もいる。でも、たまたま出会ったネイティヴのいうことが本当にその通りなのか、決まりがないから検証が難しい。人は思い違いや勘違いをする。留学中にできた現地の友人のいうことを鵜呑みにしている学生を見ると、危ういなあとつくづく思う。

　チェコ語はチェコ共和国で話されている。しかし、ひとくちにチェコ語といっても、実はさまざまであり、どのチェコ語が最も大事なのかは、人によって、時と場合によって異なる。中にはチェコの人でも学んで初めて使えるようになるチェコ語すらある。このチェコ語はチェコ人だけのものではない。

　ここ数年、ウクライナや中東からの移民や難民がチェコにやって来るようになった。彼らはこれからチェコで暮らしていくために、必要な手続きやチェコの習慣を習う。そして、チェコ語の講習会も必ず設けられている。そのときは、まずは標準チェコ語を学ぶ。チェコから遠く離れた日本でも、私たちはとりあえず標準チェコ語を学ぶ。これは「みんなの」チェコ語なのだから。（かなざし・くみこ）

バンドゥン今昔、そして……

降幡正志

インドネシア語
［主な使用地域］インドネシア、東ティモール
［母語とする話者数］約2320万人
［文字］ラテン文字

　2016年8月、バリ島デンパサールで開催された「インドネシア言語学会国際会議」に参加した。インドネシア語やインドネシア国内の諸言語、あるいは同系統のマレー語などに関して、4日間で発表の数は250余りにのぼった。

　プログラムを見ていて、とあるセッションに目を引かれた。「スンダ語、消滅危機言語か？」、「ジャワ語：失われつつある遺産」、「インドネシア語は消滅危機となりうるか？」の3つの発表からなるセッションだった。

　スンダ語は約3000万人、ジャワ語は約7000万人と、インドネシアの地方語として話者人口の多さはそれぞれ2番目と1番目である。そしてインドネシア語は、約2億5000万の人口を抱えるインドネシア共和国の国語であり公用語でもある。これほど多くの話者がいるにもかかわらず、これらの言語が「消滅危機」と論じられるとは。

　赤道をまたぐようにして東西約5000キロメートルに広がるインドネシアは、約1万3500の島々から成り立つ島嶼国家だ。国内には数百に及ぶ地方語が存在する。「言語センター」（国語研究所に相当する機関）が2010年に発行したパンフレットには約440の言語名が記されている。また Ethnologue というサイトを見ると、2016年8月現在で719の言語名がリストアップされているが、このうち12がすでに消滅し、76が消滅しつつあるという。ちなみに同サイトでは、スンダ語は「標準化され活発に用いられる」、ジャワ語は「教育に用いられる」、インドネシア語は「国家レベル」といったように、消滅危機からはほど遠いと思われる分類がなされている。

　果たしてこれらの「大言語」は安泰なのか、それとも消滅の危機に瀕しているのか。主にスンダ語圏、とりわけ西部ジャワ州の州都バンドゥンで私がこれまでに体験したことをもとに少々考えてみたい。なおスンダ語圏は、ジャワ島の西3分の1にほぼ相当する地域であるが、このうち首都ジャカルタの辺りはブタウィ文化圏である。

　時はさかのぼり1988年10月。1年半の留学の第一歩としてバンドゥンの駅に降り立った。事前に少々学んでいたスンダ語が、断片的ではあるが早速耳に入ってきた。留学先のパジャジャラン大学では聴講生として文学部インドネシア文学科に所属することになったが、スンダ文学科の授業にも参加した。加えて、とある先生が好意的に個人指導を引き受けてくれ、丁寧なスンダ語を話せるようにと指導を受けた。居候先もスンダ人の御一家で、同じ敷地内に住む親族や隣人など、スンダ語の世界に囲まれた。ただ、家主

さんの家庭では、子供をインドネシア語で育てていた。

バンドゥンはインドネシア国内でも5本の指に入る大きな町であり、スンダ語圏ではあるがスンダ人ではない人々も多く、インドネシア語もよく使われていた。大学の授業はほぼすべてインドネシア語で行なわれる。スンダ文学科ではスンダ語が教育言語でもあり、また授業の外でも学生同士あるいは教員との会話もスンダ語だった。一方でインドネシア文学科の学生はまちまちで、スンダ語を当たり前に使う人もいれば、「自分にとっては必要なのはインドネシア語だ」と言って決してスンダ語を使わなかった人もいた。スンダ人以外であればインドネシア語で会話することになる。

ラマダン（断食月）明けのお祝いの折には、家主さんの故郷に連れていってもらった。やがてはダムが建設され沈むと聞かされた。電気も水道もなく、おだやかな雰囲気に包まれた村は完全なスンダ語の世界であった。

やや時が経ち1992年7月。再び1カ月ほどバンドゥンに滞在する機会を得たが、いくつかの変化が見られた。留学時にはテレビ放送は国営放送とそのローカル局のみだったが、放送局が増え始めていた。また、かつての家主さんの故郷を再び訪れたとき、完全なスンダ語の世界のはずだったその村で、とある住民が「子供をインドネシア語で育てている」と話しているのを聞いた。

さらに月日は経ち、2001年8月。「スンダ文化国際会議」が開催され、参加するためバンドゥンを訪れた。最終日、会議の締めくくりとして主催者側が発表した公式提案の1つに驚かされた。それは「教科書においてスンダ語の敬語は丁寧体と通常体の2種類に簡素化するのが望ましい」という提案であった。日常生活におけるコミュニケーションの障害とならないように、尊敬・謙譲・通常という伝統的な敬語体系をよりシンプルにすべきとの考え方である。大々的に国際会議を開くことは、スンダの文化や社会の伝統を守ろうとする意思の表れと考えていたのだが。この提案は、国内最大の新聞コンパス紙も「驚くべき」という表現と共に取り上げていた。

「多様性の中の統一」をモットーとするインドネシアでは、諸地域の伝統文化や地方語を国として尊重し守っていくという立場だ。すでに触れたように国内には数百に及ぶ地方語が用いられている。一般に、その地域では地方語が母語となる。スンダ語圏では生まれ育つ段階でスンダ語が母語となり、その後教育などを通じて第二言語としてインドネシア語も習得していくというのが基本的な構図である。

その構図に基づけば、スンダ人として生まれればスンダ語とインドネシア語のいわばバイリンガルになるわけで、実際にそのような人たちは多い。しかしその一方で、スンダ語が話せない、あるいはスンダ語を話そうとしない人々もいる。どの程度の人数なのか、どのような割合でそのような人々が増えているのかは正直なところわからない。だが増えているのは確かであろう。

バンドゥンのような大きな町では当然ながら人々の往来が激しい。スンダ人以外の人々が多く訪れ、また居住している。そうなると、インドネシア語が共通の言語として用いられる傾向が強くなる。

　学校教育で用いられる言語は基本的にインドネシア語である。親にしてみると、自分の子供が学校で遅れを取ってほしくないという気持ちにもなろう。そのためスンダ人家庭であっても子供をインドネシア語で育てるということにもつながる。留学中にすでにそのようなケースを少なからず聞いていたが、おそらくさらに（あるいは格段に）増えているだろう。インドネシア語ができれば事足りるのに、スンダ語も使わなければとなると、負担に思えるようである。

　スンダ語を使いたくないという心理も働いていると思われる。「スンダ語は田舎くさい」あるいは「インドネシア語は都会の言葉で洗練されている」といったイメージがつきまとうようだ。さらにはスンダ語には日本語のような敬語体系があり、相手や場面に応じて表現を使い分けなければならないが、これがかなりの重荷となる。間違った敬語を用いるよりも、敬語の使い分けのないインドネシア語を使った方が気楽だということになる。大人の側でも、若者の間違った敬語使用にいらつくよりはインドネシア語で話してしまおうという姿勢もあったりする。日本であれば、敬語が面倒でも日本語を使わざるを得ないが、スンダ地方ではスンダ語の代わりにインドネシア語を用いるという「逃げ道」があるのだ。

　バンドゥンは首都ジャカルタから150キロメートルほどでさほど遠くない距離にある。つまりジャカルタの影響を受けやすく、相対的にスンダ語が用いられる状況が減っていくとも考えられる。冒頭で述べたスンダ語に関する発表は、ボゴールという町の状況を取り上げていたが、ジャカルタに隣接した地域であり、ジャカルタの影響やスンダ語の衰退がさらに際立っていると感じさせられた。

　ジャカルタの辺りはブタウィ文化圏であると述べたが、ブタウィの言葉はいわばインドネシア語の一方言で、現在のインドネシア語の話し言葉はブタウィ語の特徴の一部を残しつつ、さらに異なる様相へと変化してきている。こうした現代的な話し言葉は容易に広まる。

　1990年以降、民間テレビ局が林立し、ジャカルタの情報が言葉と共に各所に届くようにもなった。インターネットや携帯電話など通信媒体の様相が大きく変わってきたことも、言葉に対する影響が大きいであろうことは想像に難くない。

　道ばたで、乗合自動車の中で、職場で、その他さまざまなところで今もなおスンダ語は生き生きとした姿をバンドゥンの市内で保っている。その一方で、郵便局で職員同士がスンダ語で会話しているところに客が来るといきなりインドネシア語に切り替えて応対するといった場面もよく見られる。このままの状況が今後も続くのか、それともスンダ語が徐々に、あるいは急速にインドネシア語に置き換わっていくのか。私にはとうてい予測がつかない。(ふりはた・まさし)

ローザかローサか？

花本知子

イタリア語
[主な使用地域] イタリア、スイスの一部
[母語とする話者数] 約6000万人
[文字] ラテン文字

起源＝フィレンツェの文学言語

イタリアが政治的に統一されたのは1861年のことだ。それなら、各地方語のなかで「標準的なイタリア語」の必要性が叫ばれたのは、1861年以降のこと？いや、「イタリア語」をどうするかという問題は、政治的統一のはるか前から議論されていて、口語が各地方で異なるなかにも、共通した教養語があった。

ふつう標準語というと、「政治的中心地のことばで、ほかの地域にも押しつけられたもの」というイメージがある。しかし、政治的中心が定まる前に共通の教養語を練り上げるには、"首都で話される言語を採用して、はいそれで終わり"というわけにはいかない。

イタリアの場合、共通教養語のモデルは中北部トスカーナ地方、それもフィレンツェの文学言語にあった。14世紀のフィレンツェに開花したダンテ、ペトラルカ、ボッカッチョの文学がベースとなっている。後世の文学書は、文法のルールを『神曲』や『デカメロン』などの文学的財産から拾った。こうして、フィレンツェの文学語は、中央集権的な押しつけではなく、"文学、文化のチャンネルに乗る"ことによって他地域にも広まっていった。

現在の標準イタリア語は、こうした出自を持つ共通教養語がもとになっている。そのため、ダンテの『神曲』を読んでも、約700年前の作品にしては理解できる部分が多い。そんな古典作品もある程度読めるという事実――これはうれしい。現代イタリア語を学ぶ者として、「お得」に感じるポイントだ。

16世紀末には、イタリア語史とは切っても切り離せない「クルスカ学会」がフィレンツェで設立された。なぜか"クルスカ＝穀物を挽くときにでるフスマ"という名がついたこの団体は、1612年、それまでで最大規模のイタリア語辞書を作る。これが大きな影響力を持ち、権威となった。このころの辞書は、閉じたコーパスをもとにした、文学のための辞書だ。社会や言語の変化を写し取ろうとするものではない。いっぽう、生きている言語の変化に対応する辞書は、18世紀後半や19世紀後半にぱらぱらと出始めた。

現在のクルスカ学会は、いまだ権威を保ち続け、頼れるイタリア語情報を絶えず発信している。ただ、権威があるといっても、いかめしい感じはあまりない。以前、クルスカ学会の会長が、イタリア語の疑問に答えるラジオ番組があった。電話で質問するリスナーにその場で答える、という生放送のコーナーだ。「イタリア語を母語とする人でも、こんな疑問を持つんだ……」と妙に感心したのと同時に、疑問に答える当時のサバティーニ会長の人柄が印象に残っている。明解な説明が、マシンガンのごとき早口で繰り

広げられ、そのなかに会長の気取りのないフレンドリーさがよく垣間見えた。

たびたび更新される大型辞書

ラジオの回答を聞いていて覚えた親近感は、サバティーニがかかわったイタリア語辞書を参照するときにも感じられた。「現在の、実際の用法ではどうなのか」ということが大事にされているからだ。細かいニュアンスがわからない学習者にとっては、ありがたい点だ。

定評ある大型イタリア語辞書には、毎年更新されるものが多い。それぞれの表紙に、「2016年版」というふうに大きく明記されている。日本でいえば、広辞苑や大辞泉など、複数の辞書の新版が毎年、あらたに編集されて出版されるようなものだ。現在のイタリア語辞書界の、新語や新しい用法、変化をキャッチしようとする意志が伝わってくる。

新版がでるシーズンになると、「今度のナントカという辞書では、〜という新語が入った！」などと話題になる。また、黒一色刷りだったのが、ある年から二色刷りに変わるなど、すぐに気づける変更点もある。二色刷りの場合、黒と「暗い色調の青」が多いなか、「目がちかちかするオレンジ」というパターンもあり、観察していて飽きない。

ところで、筆者はイタリアに「divulgazione（ディヴルガッツィヨーネ）」の国、というイメージを抱いている。divulgazioneとは、「科学的・専門的知識をわかりやすく、シンプルな形で大衆に広める」ことを指す。学問の知識をわかりやすく伝える、といっても、ただ「幼稚に噛み砕く」こととは違う。子ども向けの書物であっても、大人が摂取しても滋養あるもの、凝縮された面白味があるものが揃っており、全体的なレベルの高さに驚く。科学、音楽、芸術などのトピックをわかりやすく伝える絵本、伝記物、科学者へのインタビュー本など、イラストを多用し、レイアウトやデザインにとてつもなく気を配っているものが多い。そういった書物の制作者層が厚く、質の高いものが当然のごとくいたるところにある様子を、なんともイタリアらしく感じている。

おそらくこの divulgazione の伝統にのっとっているのが、大型辞書の無料オンライン公開だ。いくつもの大辞書、百科事典、発音辞典が、出版各社のサイトや、新聞社・公共放送 RAI のページ経由で参照できる。辞書の質の高さ、そして公開点数から考えると、無料で自由にオンライン検索できるのが信じられないほどだ（ちなみに、過去の記事アーカイブスを無料でオンライン公開している全国新聞も複数あり、その太っ腹さに感謝しつつ、ありがたく日々検索している）。

子煩悩の国

いまから数年前、イタリア語辞書に「bambioccione（バンボッチョーネ）」という新語が載ったことがニュースになった。これは「大人になっても実家から出ず、親の経済力に頼って暮らす若者」を指すことばだ。そういった（30歳代以上も含む）若者を揶揄するような響きがある。しかし給料は安く、若者の失業率も高く、一人暮らしをするには経済的に厳しいこ

とが多い。だから、親元ですねをかじりながら暮らさざるを得ない状況もある。

親元に滞在する、といえば、大学生向けの部屋貸し物件に「短縮週」と明記してあるものがある。毎週末実家に帰省し、「下宿先に残らないこと」が条件。貸し主は、シェアハウスをしていて、または大家として1部屋貸しているのはいいが「週末まで居られたらうっとうしい」と感じる人だ。しかしそんな条件が社会から「浮いた存在」にならないほど、遠方の実家に学生が毎週帰省するのも、わりと「あり得ること」ではある。

もともとイタリアでは、子どもに世話を焼く文化が強い。以前、ホームステイでお世話になった家庭では、11歳の女の子が大人に「靴ひもを結んで」「靴下をはかせて」と頼んだり、8歳の男の子がトイレ後に「おしり拭きにきて!」とお母さんを呼んだりしていた。ふたりとも、自分でできないわけではない。しかし「そんなこと自分でやりなさいよ!」とは決していわれない、あくまで大切にかわいがられる雰囲気があった。それは、この家庭に限ったことではないだろう。

そういえば、「うちの父親はひどいところがある。私が大学生のとき、夕ご飯を作ってくれなかった」と嘆くイタリアの友人に、そのときの年齢を尋ねたところ、「26歳くらい」という答えが返ってきて驚いたことがあった。26歳なら「自分で料理する」という選択肢があってもいいのではないか……という疑問が浮かんだが、イタリアでは事情が違うのだなと感じて、何もいわなかった。

日本の小学校では給食当番や掃除当番で児童が自ら動くことになっているが、イタリアの学校では給食の配膳や掃除は大人のスタッフが担当する。また、電車の対面型の席に小さな子どもが乗っていると、周囲の大人が「かわいいなあ」という表情でニコニコ見守っているので見ていてうれしくなる。どちらも、子煩悩文化の一面が現れているのだろう。

辞書の謎——母音間のsの発音

話を辞書に戻そう。頻繁に更新されるイタリア語辞書には、「生きている現在の言語を写す」路線にはそぐわない一面がある。それが、母音間のsの発音表記だ。実態から言えば、北イタリアでは濁音で、南イタリアでは清音になる。例えばrosa(バラ)は北では「ローザ」、南では「ローサ」というふうに。しかし辞書にはトスカーナの発音が記され、それによればほとんどの場合濁音だが単語や語尾によっては清音、と異なる。更新熱を帯びた辞書が、この点だけ保守的なのは謎だ。

母音間sのトスカーナ発音が、守るべき規範として俳優やアナウンサーに浸透しているかというと、全然そんなことはない。各自、出身地の発音の仕方で通している。イタリア語を学ぶ外国人の場合も、好みに応じてすべて濁音、または清音、と決めて発音すればいいはずだが、なぜか筆者は日本で、清音を「間違い」と断定する北部出身の人に複数遭遇したことがある。「ローサ」も「ローザ」同様、尊重されるべき発音であることが、もっと母語話者のあいだで広まることを願っている……。(はなもと・ともこ)

移民と若者言葉

成田節

ドイツ語
［主な使用地域］ドイツ、オーストリア、スイス、リヒテンシュタイン、ルクセンブルク、ベルギー、イタリア（南チロル）など
［母語とする話者数］約1億人
［文字］ラテン文字（26文字の大文字小文字の他に ä, Ä, ö, Ö, ü, Ü, ß を使う）

ドイツの移民

　2014年の統計によるとドイツ連邦共和国に住む約8100万人の内、移住を背景に持つ人は約1640万人いる。つまり5人に1人が外国籍か移民の二世あるいは三世ということになる。最近でも中東などから難民が殺到しているようだが、すでに1950年代に始まった外国人労働者（ガストアルバイター）の受入れを契機として、ドイツにトルコ人を始めとする多様な民族が共存するようになって久しい。このような社会ではドイツ語にどのようなことが起こっているのだろうか。ここでは一例として、10年ほど前から新聞などでもしばしば話題になっている Kiezdeutsch と呼ばれる現象を見てみたい。

Kiezdeutsch とは？

　Kiez はドゥーデン・ドイツ語大辞典によれば、「（北東部ドイツ、特にベルリン方言で）市内の地区、辺鄙な集落」と「（ジャーゴンで）いかがわしい地区」という意味があるが、Kiezdeutsch の名付け親であるポツダム大学の言語学者ハイケ・ヴィーゼは第一義的には前者の意味で用いているようだ。つまり字義通りには「地区のドイツ語」という意味だが、特にベルリンのクロイツベルクなど「移住を背景に持つ住民の多い地区」をより具体的には意味しているのだろう。以下ここでは「キーツドイツ語」と記す。

　ドイツ在住の移民、とりわけトルコからの移民やその子供達が話すとされるブロークンなドイツ語を差別的なニュアンスのある Kanak Sprak（「ガイジンことば」、Kanake は「外人、他民族」の蔑称）と呼ぶこともあるが、ヴィーゼの提唱するキーツドイツ語はドイツ語の体系を基盤としたドイツ語の一変種であり、発音、語彙、文法の点で独自の体系を持った若者言葉の1つだという。ヴィーゼの著書 Kiezdeutsch. Ein neuer Dialekt entsteht.（『キーツドイツ語──新しい変種の誕生』2012年）からいくつか具体例を見てみよう。

キーツドイツ語の特徴

　空間や時間を表す表現で前置詞と冠詞の脱落がよく見られる。Wir gehen Görlitzer Park.「ぼくたちゲーリッツ公園（に）行く。」では in den が、Ich werde zweiter Mai fünfzehn.「ぼく5月2日（に）15になる。」では am（< an+dem）が欠落している。一見、学習不足による脱落にも見えるが、実はドイツ人でも（それも若者に限らず）公共交通機関での移動という状況では Ich bin gerade erst Zoo.「ぼく今やっと動物園（駅に）いる。」や Ich steige heute Hauptbahnhof um.「あたし

「今日中央駅(で)乗り換え。」のような表現は意外と頻繁に耳にするらしい。キードイツ語では省略の適用範囲を空間や時間を表す前置詞句一般にまで広げているのだという。また、冠詞や前置詞をもたないトルコ語の影響だと説明されることもあるが、もしそうだとしたら、後置詞的に Schule-in あるいは Schule-da とでもなるはずなので、これらは元々ドイツ語に潜在する省略の可能性をより自由に活かしているのだとヴィーゼは主張する。

述語の主な意味内容を名詞に預け、動詞は言わば文法的に添えるだけの機能動詞構造とよばれる表現が標準ドイツ語にある。たとえば Sie macht ihm Angst. 「彼女は彼を不安にする。」では、名詞 Angst「不安」と machen(英:make)の組み合わせで「不安にする」という意味を表している。キードイツ語ではこの可能性が大幅に拡大されて用いられる。赤信号で横断しようとしている仲間に Machst du rote Ampel!「おまえ赤信号してるよ!」と言い、移動手段について話すときは Hast du U-Bahn?「おまえ地下鉄?」— Nee, ich hab Fahrrad.「いや、自転車。」で済ます。hast も hab も英語の have に相当する動詞である。さらに相手を(冗談半分で)威嚇して Isch (=ich) mach dich Messer!「お前をナイフしてやる!」という表現もあるという。これらの表現はもちろん特定の状況という支えがなければ相互理解は難しいだろうが、そのような状況依存性も若者言葉一般に見られることだ。

標準ドイツ語でも口語的表現では発音の縮約や代名詞の接辞化がよく見られる。Wie geht es dir?「元気?」は普通は Wie geht's dir? となる。キードイツ語にも同じようにしてできた新語が多く見られる。Yallah, lassma gehen!「さあ、行こう!」の lassma や Musstu Lampe reinmachen.「電球を嵌めなきゃだめだよ。」の musstu などである。lassma は lass uns mal「〜しようよ」から、musstu は musst du「(おまえは)〜する必要がある」から生じた形だが、キードイツ語では機能の変化も見られ、標準ドイツ語の ich bitte「私は頼む」から生じた bitte「どうぞ」のように間投詞化しているという。そのため、musstu は元になっている musst du とは違う複数の相手に対する要求にも使える。そして標準ドイツ語の Bitte aussteigen.「どうぞお降り下さい。」の「間投詞+不定詞句」と同じパターンで、勧誘(話し手も含む、相手への要求)には lassma、(話し手を含まない、単数または複数の相手への)要求には musstu を用い、これに不定詞句を組み合わせることで、広義の「要求」を表し分けることができるという。

この他にも Jetzt isch (=ich) hasse ihn.「今はわたしあいつが嫌い。」のように主文の平叙文で定動詞が2番目に来る(Jetzt hasse ich ihn.)という原則に従わない表現についても、同じ話し手の同じ発話に Darum hab ich das auch gesagt.「だから私もそう言ってやった。」という正しい語順が見られるので、単なる間違いではないとヴィーゼは言う。当該の文の文頭要素が多くは時(まれに場所)を表す状況語であることから、「時間(空間)の設定」に限って、主語+定動詞…の

前に置かれ得るという規則性があり、標準ドイツ語で文頭に置かれる要素に「文のトピック」を（特に主語として）提示する機能と、「出来事の時間・空間」を提示する機能があることを考え合わせると、キーツドイツ語の上述の語順はドイツ語の体系に合致するのだという。

多言語環境の若者言葉

このようなキーツドイツ語の話し手には、家庭では親や祖父母の言語であるトルコ語やアラビア語などを話し、外ではドイツ語を話すというような多言語話者が多いという。トルコ語由来の lan「（呼びかけ）なあ＜野郎」や moruk「（呼びかけ）おい＜爺さん」や、アラビア語由来の yallah「さあ（促し）」、wallha「ほんとに」などにもその影響が見られるが、多言語環境の影響はそれだけではない。多言語が接触し合うという環境で（大なり小なり）多言語能力を持つ若者たちは非常に柔軟でオープンな精神で新しい表現に接するので、他の集団語に比べるとことばの革新へのポテンシャルが非常に高いのだとヴィーゼは説明している。なお、多言語が接触する環境ではドイツに限らず、オランダ、デンマーク、スウェーデンなどの都市部でもキーツドイツ語と同じような現象が見られるという。

ドイツ語の乱れ？

ヴィーゼが特に強調しているのは、キーツドイツ語を話すのは海外から移住した若者自身ではなく、移住者の子（や孫）としてドイツで生まれ育ち、ドイツ語を母語あるいは第二言語とする若者だということだ。また、キーツドイツ語の話し手は移民の子供達だけに限られるのではなく、ドイツ人家庭で生まれ育った「普通の」ドイツ人の若者も仲間内ではキーツドイツ語を話すという。この点で、キーツドイツ語を移民の子供達の不完全なドイツ語と捉えるのは正しくない。キーツドイツ語を話す若者の大半は標準ドイツ語も普通に使いこなし、たとえば教師や親に対してはキーツドイツ語は使わないというように相手によって自然に切り換えているという。

一般に若者言葉は「ことばの乱れ」と否定的に捉えられることが多く、キーツドイツ語もその例外ではない。これに対してヴィーゼは、バイエルン方言がドイツ語に危機をもたらすことがないのと同じように、キーツドイツ語がドイツ語に危機をもたらすことはない、むしろ言葉は多様性を持つことで豊かになるのだから、新たな変種が加わるのは歓迎すべきだと強調している。もっとも、若者がキーツドイツ語しか話せないとしたら問題だということはヴィーゼも認め、出自や家庭環境に左右されずに標準ドイツ語が習得できるような教育環境の整備は不可欠であり、さらに学校の授業で標準ドイツ語と並んでキーツドイツ語も扱うことができれば、普段無意識に使っている自分の言葉を相対的に捉え、言葉そのものをより意識的に考える契機を与えることになるだろうと述べている。異論もあるようだが、キーツドイツ語は「ドイツ語の乱れ」ではなく、むしろドイツ語を豊かにするものだというのがヴィーゼの主張である。（なりた・たかし）

人と世界

水野善文

ヒンディー語
[主な使用地域] インド、フィジー、トリニダード・トバゴ、モーリシャスほか
[母語とする話者数] 3億1000万人
[文字] デーヴァナーガリー文字

　ヒンディー語はインド・ヨーロッパ語族インド・イラン語派に属している。古代インドで、紀元前4-3世紀頃、人工的に文法が整えられて成ったサンスクリット語に対して、社会的基層部では、地域的にも時代的にも実に多様なプラークリット諸語が用いられていた。そうした言語のうちインド中央部から北よりの地方において徐々に変容し、中世期には西方からのペルシア語や系統を異にするアラビア語、トルコ語からの語彙も取り入れつつ形づくられた言語である。

　文字については、墓参の際、とりわけ関東圏では人の背丈ほどなので目にする機会も多いと思うが、そう、卒塔婆。あれに書かれている梵字を思い浮かべてみていただきたい。悉曇(しったん)文字とも呼ばれるあの文字は、デーヴァナーガリー文字に発展する前の段階のものに類似しているといわれる。悉曇文字が極度にデザイン化された感があるのに対して、デーヴァナーガリーはずっとシンプルだ。

　さて、筆者は古典サンスクリット文学および中世ヒンディー文学を中心に研究する者であり、言語学は門外漢である。ここではヒンディー語を巡って日頃感じていることを記すが、もし言語学的な誤謬があったらご指摘いただきたい。

日本語との浅からぬ関係

　改めて言うまでもなくインドで興った仏教は、主に中国経由で日本に至った。サンスクリット語、むしろやや崩れたサンスクリット語、一部には北西部のプラークリット語もあったが、そうした言語で記された仏教経典類が、それぞれの時代の中国語に翻訳されて日本に至った。漢訳される際に、インドにあって中国にない概念は音を写して漢字を充てはめた。そうした音写語のなかにも日本で経典から飛び出し、一般にも広く流通するようになったものが沢山ある。

　例えば、「奈落(ならく)」。これは、サンスクリット語では naraka だが、現代のヒンディー語でもそのまま使われる。(ヒンディー語でサンスクリットの単語を全く同じ形で使用する場合、それを tat-sam (「それと同じ」) の単語といい、音韻変化などを経て若干変わったものを tad-bhav (「それ様の」) と呼ぶ。) ただし、語末の短母音 a はヒンディー語では発音されないので'ナラク'と発音され、耳には日本語と同じ響きだ。意味はといえば、「地獄」。形態も意味も、ヒンディー語と日本語とで全く同様に保存されてきた例である。

　もう1つ。皆さんは「舎利」といったら何を最初に思い浮かべるだろうか？そう、にぎり寿司の「ご飯」ですね。寿司

飯のことを「舎利」あるいは「銀シャリ」と呼ぶようになった時期・経緯については深入りしないが、仏舎利から来ていることは確かなようだ。仏舎利とはブッダの遺骨のこと。仏舎利は信仰の対象として仏塔に収められ、人々はそれを拝んだ。そうした尊さが白くて艶があり何とも有り難いご飯に連想が働いたらしい。で、この「舎利」という言葉、やはりサンスクリット śarīra の音写語。遺骨の意味で用いているが本来的には「骨格、身体」を意味する。これもヒンディー語では tat-sam で「シャリール」、意味も同じ。思わぬところでも日本語とヒンディー語がつながっていた。さて、となると、面白いことにお気づきだろう。にぎり寿司を思い浮かべてみて。ネタは卵以外なら何でも好きなもので良いので。ほら、にぎり寿司、上に乗っているのは魚の身だけど、実は下も「身」だったんだね。

仏教がもたらしたインドの文化の片鱗を、こうして語彙のレベルでも確認していくと、現代の、ヒンディー語を使う人々との関係もどんどん近くなってくる。まだまだ同様の単語は沢山あるが、目下ネタ切れなので、仕込んでから別の機会に紹介させていただきたい。

言葉に現れる世界観

さて、ヒンディー語の構文の特徴から感じていることを吐露しよう。ヒンディー語にのみ独特であるとは言い切れないことを承知のうえで、勝手な呟きにお付き合い願いたい。

ヒンディー語では、人間が動作主であっても文章の主語にならない場合がしばしばである。これはサンスクリット語の特徴である受動表現の多用、抽象概念の具象化などと関係しているのだと思うが、ここでは話を拡げずにヒンディー語に限定して、例を挙げていこう。あくまでも、私見を述べるためのサンプルなので、ヒンディー諸構文の一部を紹介するにすぎないことを予めご留意いただきたい。

所有表現――ヒンディー語は have 言語ではなく be 言語なので、「私は車を持っている」ではなく、「私のところに車がある」というように、「車」が主語になる。これは日本語でも同じ表現をすることがあるので、不思議ではないだろう。「持つ」という主体的・積極的行為である動詞を使わないところに、所有観念の曖昧さを起因させて良いのかどうか判断は避けるが、距離感覚だけで「あなたの物も私の物」という扱いを被ったインド留学当時の体験は忘れられない。

感情および生理現象の表現――「私は悲しい」というように形容詞を使った表現もあるが、より本来的には、「悲しさ」という抽象名詞を主語にして、「私には悲しさがある」とか「私に悲しさが感じられている」といった表現をする。同様に「私は眠い」ではなく「私に眠気がやってきた」という言い方をする。たしかに授業中など、学生は寝てはいけないことを自覚しつつ眠気のほうが勝手にやってくるのだから仕方ない。言い訳が成立してしまうが、眠気を誘ったこちらに非がある。悲しくなろうとおもって悲しくなる人はいないだろうから、「悲しさ」のほうから勝手にやってくるという表現は理

にかなっていると常々思っている。

　必要・当然・強制表現——「私はヒンディー語の勉強をすべきだ／することになっている／せざるをえない」という概念を示す文章でも、ヒンディーではやはり「私」という人間が主語にはならず、「ヒンディー語」という意味上の目的語が主語になる。「私にとって、ヒンディー語が勉強すべきものとして必要とされている／ある／降りかかっている」といった構文となる。勉強したくないのにせざるをえない、という強制表現でみると、いかにも外圧的に「ヒンディー語」が迫って来るかが分かって、合点されよう。

　他動詞を用いる単純過去・完了表現——能格という文法組織の一般的な定義も残念ながら曖昧なのだが、具体例で押し通させていただくと、ヒンディー語では「私はその映画を見た／見たことがある」という文意を「私によってその映画が見られた／見られたことがある」といった構文で表現する。このとき「私」は主格ではなく能格をとり、「映画」が主格（絶対格というのが正確なのでしょうか）、述語動詞は「映画」の性・数に一致させた分詞（受動の働きをもつ完了分詞）が使われる。述語動詞の形を規定するものが主語だとすれば、この場合まさしく「映画」が主語なので、「映画が見られた」が文章の骨格ということになる。「私」はどこへ行ってしまったのか？　なけなしのポケットマネーをはたいて買ったチケットを握りしめたまま、ながーい予告編がやっと終わって、さー、待ちに待ったお目当ての映画がやっと始まる。映画を見るという行為は、どう分析しようが、人間である「私」が主体となって自らとったはずのものである。なのに、文法的には動作主体である人間が主語にはなってはいない。ちょっと例をかえて「私はカレーを食べた」で考えてみよう。「カレーが食べられた、私によって」という文章にすると、カレーというものがまず存在し、現にそこにあって、たまたま機会を得た「私」という人間によって口に運ばれ胃・腸にいたり、消化吸収されて栄養となった、というイメージになる。

　以上の諸例のように、行為主体である人間が主語になっていない文章構造から感じるのは、「行為」が人為だという人間中心的な見方ではない、ということだ。「私は…」「私が…」と自我を張らない。自分で作ったカレーだとしても、カレーが出来上がるまでにはどれほど多くの人間の労力が積み重ねられていることか？大いなるものの思し召しによって、私たちはカレーを食することができるのだ。まさに天意のなすところではないか、と。

　ヒンディー語のそうした構文に、人為よりも天意を重んずる思惟を感ぜずにはいられないのだ。これまで長い歴史のなか育まれた言語ではあるが、彼らが日常で使用するさいに、いちいちこうした思考をめぐらしているわけでは決してない。だが、たとえ無意識的にであったとしても、そうした言葉遣いを毎日していると、私たちは自分の力だけで生きているのではなく、大いなる自然のなかで生かされているのだという観念が心の奥底で熟成されるのではないだろうか。だとすれば、いつの日か言葉が地球を救ってくれる。（みずの・よしふみ）

日々の想いをうたう

上田広美

カンボジア語（クメール語）
[主な使用地域] カンボジア、およびタイ、ベトナム、ラオスの一部など
[母語とする話者数] 約1700万人
[文字] カンボジア文字（クメール文字）

雑談のなかみ

カンボジア語を学ぶ。ちょっとした会話をしてみたい。外国語で話すよりも本音をきけるかもしれない。勇気を出して声をかけてみる。教科書通りの「こんにちは」よりも自然な「お出かけですか？」や「もう食事はすんだ？」を使ってみたい。しかし、その後、どうやって話を続けたらいいのだろう。一年中同じように暑いので、天気の話も発展しない。

街中を眺めると、みんな、道端にたたずみ、店先に座り込み、ずっとおしゃべりしている。あの人たちの話の種は何だろう。通りすがりの人との雑談も、カンボジア語だととても自然に盛り上がるようだ。

初対面の人との話題のレパートリーについて、日本に住むカンボジア語の先生たちの場合を聞いてみた。まず、当たり障りなく、日本での生活について（来日時期、気候、交通事情）、次にお互いの情報を開示し（出身地、家族構成、共通の知人探し）、仕事の情報を交換し、最後は、共有できる話題として内戦中の苦労を語り合うそうだ。

初対面の会話でも家族のことなど個人的な情報を交換するのは普通だが、名前や年齢はめったに尋ねない。適切な親族名称のみで相手を呼ぶ方が丁寧なため、いつも世間話をする近所の人の名前を知らないこともある。また、くどくどと愚痴をこぼすより、自分の商売のうまさ、子どもの賢さなどを、誇りと自信をもって肯定的に語る方が一般的だ。

一方、首都プノンペンで客待ちしているバイクタクシーの運転手さんたちへの聞き取り調査（2011年）によると、一番人気の話題はスポーツ・ニュース、とくにひいきの格闘家の活躍で、次に政治家の噂。あとは商売柄必要な交通規制や事故、ガソリン価格の情報交換。中年層だと、家庭のあれこれ、主に子どもの勉強のこと、ちょうど雨季だったので、実家の田植えのはかどり具合を話すこともある。若い世代だと、国際ニュースにも関心があり、高校卒業（兼大学入学資格）試験の時期だったので、教育制度の変化や試験の思い出も加わる。

こういうおしゃべりをする人たちの国民性はどんなものだろうか。フランスからの独立以前に発行されていた民族主義の新聞ナガラワッタ紙は、社説「なぜカンボジア人は貧しいのか」（1937年3月27日、1-14号）で、「カンボジア人は、気前がよすぎて、祭りや喜捨を多く行う。思いやりがありすぎて、1人が親戚全てを養い、全員で破産する。楽しく笑って遊び歩き、あればあるだけ金を使ってしまう」と分析している。暮らしの中で出会う人たちとのおしゃべりをおろそかにしないのは、限度をもうけないこういっ

韻律で遊ぶ

フランスから独立し新国家建設に邁進していた1969年、「教育語彙のカンボジア化」委員会のコン・オーン氏が来日した。講演では、カンボジア語は、「母音が豊かであり、古典舞踊のしぐさのような繊細で洗練された響きをもつ」と述べた。また、随伴語を散りばめることで発話に韻律を与えるという特徴もあげた。

随伴語とは、自身は意味を持たない語で、対となる語の前か後ろにつくことでのみ使用される。たとえば、ចាន /caan/（皿）は単独でも使えるが、随伴語 ក្បាន /kbaan/ を後につけて、ចានក្បាន /caan kbaan/（食器類）となる。他にも、ក្មេងក្មាង /kmeeŋ kmaaŋ/（子どもたち：後ろが随伴語）、វត្តវា /vɔɔt vaa/（寺院：後ろが随伴語）のように、頭子音、母音、末子音のいずれか（もしくはその組み合わせ）が同じ随伴語を用いる。カンボジア語は1、2音節の語が大多数なので、随伴語をつけて音節を増やす方が響きもいいし、意味も明確になるという。

気の利いた会話には、随伴語を利用したことば遊びがつきものだ。文中の2つの音節から母音（＋末子音）を入れ替える遊びで、異なる意味の語句を作ることもあれば、全く意味をなさない文になる場合もある。例えば、ទៅណា /tɘv naa/「どこにお出かけ？」と尋ねるのに、2語から /ɘv/ と /aa/ を入れ替えて、តាណៅ /taa nɘv/（「爺さんはどこ？／ナウ爺さん」のどちらの意味にも解釈可能）と言うことがある。

この問いには、随伴語を使って、ទៅវត្តបញ្ចុះសីមា /tɘv vaa bɔɲcoh səi maa/「ヴァーに行って口の羽を落とす」と返すのが粋である。これは、ទៅវត្តបញ្ចុះសីមា /tɘv vɔɔt bɔɲcoh səimaa/「結界の儀式に寺に行く」から វត្ត /vɔɔt/「寺」を随伴語 វា /vaa/ に入れ替え、その代わりに សីមា /səimaa/「結界」の2音節目の /aa/ を /tec/ に入れ替えたものである。

また、他人に注意する時も、直接的な言い方だと角が立つので、音の技法を駆使した遊びのある言い方の方が緊張が和らぐという。

ゆがめられた語彙

前述の「教育語彙のカンボジア化」は、フランス語がそのまま持ち込まれていた近代語彙をカンボジア語に置き換えるべく始まった。合成語以外に、1）化石化していた接辞の復活（例ハット：練習する→ロムハット：練習）、2）パーリ語からの借用（例サイトンハピアップ：温度）、3）フランス語の音をうつす（例キミー：化学）という方法で、教育や学術の用語を中心に1年に7～9千の語彙が新造され、メディアを通じて周知された。

しかし、新造語彙が根付く前に長い内戦が始まり政治体制が幾度も変わった。とくに1975年からの3年8カ月20日の間、極端な共産主義を実行した民主カンプチア政権（ポル・ポト時代）では、「教育語彙のカンボジア化」の委員たちはもちろん、文字の読み書きができるだけで革命の敵として処刑された。学校は閉鎖され、一部は強制収容所として利用された。故郷を追われた人々は、おびえながら、無

た寛大さからきているのだろうか。

言で農作業や土木作業に励んだ。家族と引き離された集団生活で、処刑だけでなく飢えと過労によっても多くの命が失われた。世間話もことば遊びも影をひそめた。

ポル・ポト時代の悲劇を語る映像や書籍を見ると、この時代の語彙が本来の豊かさを失っていたことがわかる。革命がもたらした平等な世界を強調するために、世代に応じて使い分けていた多様な呼称が廃止され、ムット（同志）に統一された。また、「食べる」を意味する多くの語彙の中でホープだけが使用を許された。

もともとは、良い意味でも悪い意味でも使われていた「パイナップルの目」（皮の格子模様を指す）は、監視社会を象徴する語句となった。当時の回想録ではこう綴られている。「オンカー（革命組織）はパイナップルの目を持ち、厳しく、容赦しない。蟻のようにおびただしいチロープ（偵察員）を使い、心の奥底で芽生えた裏切りを見つける」。だから都市部から農村部に強制移住させられたプロチアチョン・トマイ（新住民）は、雑談もできず、飢えていても共同食堂で与えられる以外の食べ物を野山で探すことも許されず、家族に愛情を示すこともできなかった。もし、オンカーに見つかったなら、「同志よ、言い訳するな。我々はパイナップルの目を持っているから、お前が敵だとはっきり分かっている。革命党を裏切った奴は学習に行かねばならない」と言われるからだ。「学習に行く」ことは死を意味した。

40年がすぎ、オンカー（団体、組織）やムット（友人）は普通名詞として使われるようになった。「パイナップルの目」でさえも、「広い視野で情報を集め、物事を深く見極める能力」という意味で使われることがある。しかし、海外に難民として逃れた人たちの中には、今も当時の語彙を拒否したままの人もいる。

語る手段としての詩

昔も今も、詩作と吟唱は人々の趣味である。若い学生たちも学校の休み時間に、押韻できる語を求めて知恵をしぼり、吟唱に興じる。コンテストがあれば競って応募する。フェイスブックに投稿された詩には旅の思い出や日々の出来事が綴られる。企業のウェブサイトには、仕事や家庭生活に関する自己啓発的な詩が掲載される。ニュース・サイトにも詩のコーナーがあり、「もし金がほしければ」、「亡き夫よ目を開けて」、「やみつきになるカ

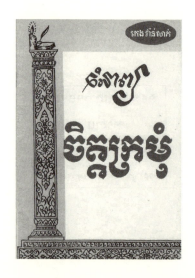

ンボジアのスープ」といった多種多様なタイトルが並んでいる。

前述の「教育語彙のカンボジア化」委員会の冊子にも、教育現場の教師や生徒たちから寄せられた、国語の発展に対する期待をうたった4言歌が掲載されている。(前ページ図)

このように主題は身近なものであっても、いずれも伝統的な定型詩である。49種の詩型はそれぞれ音節数と韻律が決まっている。韻律は、連を超えて行と行を結びつける。吟唱法は、1つの詩型に複数が対応している。文化を否定したポル・ポト時代の革命詩歌でさえ詩法に従った。現在のポップスの歌詞にも定型詩の韻律がみられる。

小学校2年生の国語教科書では、古典作品に多用される4音節単位のカーカテ型で「両親の仕事」を歌う。3年生からは、庭訓集を暗誦し、5年生からは各詩型の入り組んだ規則を学ぶ。高校の教科書では、韻文の比率が高まり、チアドク(ジャータカ)やリアムケー(ラーマヤナ)といった古典のほか、行ごとにすべての音節が頭韻を踏む7言歌「文字が這う」型、行の先頭と末尾の2音節を反転し反復する8言歌「三層の傘」型などの個性的な名前の詩型を学ぶ。

定型詩とはいえ、長い作品が多いので、国定国語教科書定番の現代詩2作品から一節を紹介する。フランス留学中にポル・ポトを指導したこともあり、後にフランスに亡命したケン・ヴァンサックは、内戦前には、詩集『乙女の心』(1963)で、叶わぬ希望や理想を追い求める若さゆえの苦しみを歌っていた。その詩集の中の「幻の恋人と語る孤独な乙女」は、7言歌である。

わたのようにやわらかな手が
友のように慈しんでくれることはない
心の痛みや考えを分かち合い
命を捧げてくれることはない

ポル・ポト時代の苦しみを語った「カンボジアの大地を見よ」(チュオン・メーン作、1980)はカーカテ型である。

「学習させる」　そう言えば
聞こえがよく　喜ばしいが
教育ではなく　偽っただけ
真実の意味は　あざむき殺すこと

四半世紀に及んだ内戦をこえて、人と人とをつなぐ雑談と、日常を楽しむことば遊びと、人生を語る詩歌はよみがえり、戦争を共通の話題としなくてもよい世代に受け継がれている。(うえだ・ひろみ)

シベリアで見つけた痕跡

森田耕司

ポーランド語
[主な使用地域] ポーランド
[母語とする話者数] 約3800万人（国外にも総計1000万人以上）
[文字] ラテン文字

　ポーランドは、民主化と欧州連合（EU）加盟により、近年その存在感をますます高めつつある。そして、ポーランド語も国際舞台において、これまでになかった新たな役割を担うことになった。2016年1月14日よりLOTポーランド航空による成田－ワルシャワ線が就航を開始したので、日本とポーランドを結ぶ初めての定期直行便ということになり、日本との関係も今後さらに緊密になると予想される。

　以下では、グローバル化時代におけるポーランド語のいくつかの側面を、日本との関係にも触れながら、紹介していきたい。

増える学習者

　2004年にポーランドがEUに加盟したため、ポーランド語はEUの公用語の1つとなった。それに応じて同年から、ポーランド政府の新たな方針として、外国人または国外に定住するポーランド人を対象にした「外国語としてのポーランド語検定試験」が始まり、現在のところCEFR（ヨーロッパ言語共通参照枠）によるB1、B2、C2の3段階の難易度で実施されている。その他の難易度A1、A2、C1については、現在準備中である。試験は2日間にわたって実施され、聴解、文法、読解、作文、口頭の能力が試される。毎年、少なくとも春、夏、秋にポーランド国内の主要都市や欧米を中心とする世界各国に受験会場が設けられているが、2007年と2011年には、日本でも東京外国語大学を会場に実施された。アジア地域の中でも、特に日本におけるポーランドに対する関心は非常に高く、その証拠として、2004年から2014年までの10年間で、アジア諸国で最も受験者数の多かった国は、なんと、日本なのである。ちなみに、世界全体の受験者数の出身国別ランキング上位にランクインしている国は、ウクライナ、ロシア、アメリカ、ベラルーシ、ドイツ、フランスなどとなっている。上記の10年間の統計によると、ポーランド国内の会場で受験した人が66％に対して他国の会場で受験した人が34％で、特に20代と40代以上の受験者が多く、女性が59％に対して男性が41％という結果が出ている。

　この検定試験に合格していることを雇用の条件としたり、合格した試験の難易度を給与に反映させたりする企業や官公庁も欧米諸国ではすでにあるそうだ。実際、ポーランド語の学習者数は年々増加傾向にあり、国籍を問わず多くの人々がポーランドの大学や語学学校で開かれている外国人向けのポーランド語コースに通っている。こういった学習者の増加に伴い、ポーランドでは外国人用のポーランド語コースを新設する大学や語学学校

の数も年々増加している。日本でも、唯一のポーランド語専攻がある東京外国語大学をはじめ、いくつかの大学や語学学校でポーランド語講座が開かれている。

以上のようにポーランド政府は、世界におけるポーランド語教育の振興をグローバル化時代における重要な国策の1つとして推進しているのである。

東アジアの「三本の矢」

現在の日本、中国、韓国にはそれぞれ、ポーランドを専門とする学科が東京外国語大学、北京外国語大学、広東外語外貿大学、ハルビン師範大学、韓国外国語大学校に設置されているが、いずれも小規模なため、教員数や専攻できる分野に不足を抱えている。そこで、これらの三国が「三本の矢」のように協力し合うことで大きな力が出せるのではないかという希望のもと始められたのが「日中韓三国ポーランド学科会議」である。将来的には単位互換、教員交換、修士論文や博士論文の共同審査あるいはダブルディグリー授与等の実現をめざしている。

日中韓の各大学においてポーランドの言語、文化、歴史、社会について学ぶ人々が交流することにより、特殊な分野を専門とする者同士ならではの連帯感を大切にしながら、日本、中国、韓国という、歴史的・政治的に互いに複雑な問題を抱える三国の人々が、ポーランド語という「中立の言語」により国境を越えた、利害がすれ違うことのない、純粋な交流を実現できる稀有な機会を生み出している。これは、従来の二国間交流とは原理も方式も大きく異なる、新鮮味ある、多極的交流といえるであろう。

この会議では、隔年ごとに三国のポーランド研究者（学生、院生を含む）が一堂に会し、意見や経験の交換、研究発表をすべてポーランド語で行う。2009年の開始当時、それぞれの国で唯一のポーランド学科を有していた東京外国語大学、北京外国語大学、韓国外国語大学校の合意により実現された交流である。ちなみに中国では、ここ数年のうちに広州とハルビン（どちらも2014年）にも立て続けにポーランド学科が開設された。これは近年の中国の勢いを感じさせる象徴的な出来事であった。

第1回会議は東京外国語大学で2009年に開催されたが、開催地は隔年ごとに日本、中国、韓国の順で交替することに決まり、現地在住ポーランド人、ポーランドからの留学生も交流に参加している。会議後に『ポーランド研究年報』（ポーランド語本文＋英語要旨）を刊行することにより、会議で発表された研究やデータ、意見や討論の内容、そして各国のポーランド学科クロニクル（当該年度の活動、出来事などの詳細な記録）を公表している。

第1巻は2009年に東京外国語大学、第2巻は2011年に北京外国語大学、第3巻は2013年に韓国外国語大学校、そして第4巻は2015年に再び東京外国語大学が編集をそれぞれ担当するという方式で継続的に刊行しており、第5巻は2017年に広東外語外貿大学が刊行する予定である。学生や院生の論考も掲載してその育成をはかるとともに、教員が行っている最新の研究成果を紹介する機会でもある

ため、日中韓におけるポーランド研究に関する貴重な情報源となっている。

この会議には、日中韓各国のポーランド共和国大使館や総領事館、ポーランド広報文化センターも大きな期待を寄せていて、毎回それぞれの大使や総領事、政府関係者も出席し、多くの面においてサポートしている。

この会議を通じて、ポーランドとの交流のみならず、中国や韓国との交流が活発化し、ポーランド語やポーランドに対する学生・院生の学習・研究意欲を高め、教育研究の向上に大きく寄与することが期待されている。

ヴェルシナ村のポーランド文化会館

1910年5月、シベリアへ

ところで、読者の皆さんはシベリアでもポーランド語が話されていることはご存知だろうか。私はそもそも学生時代からポーランド国外、特に旧ソ連領で話されているポーランド語に関心があり、これまでもリトアニアやベラルーシで話されているポーランド語の研究に携わってきた。研究していて明らかになってきたことは、ポーランド語を母語とする話者は、さらに東の中央アジアやシベリアにまで散らばっているということである。

例えば、「シベリアのパリ」として知られる東シベリアのイルクーツクから120キロメートルほど北上したところに、ヴェルシナという現在でもなおポーランド系の住民が大半を占める村があるため、最近調査に出かけた。一般的に「シベリア」と聞くと、何となく帝政ロシア時代における政治犯の流刑地という暗いイメージが先行しがちであるが、この村の住民は20世紀初めのストルイピン改革により、職を求めてポーランドの南部地方から1910年5月以降自主的に移住してきた人々とその子孫なのである。当時のロシア政府は、シベリアへ移住する者には土地を無償で提供、新生活を始めるにあたっての一時金の無利子貸与とシベリアまでの鉄道運賃の割引などの厚遇により、支配下にあったあらゆる民族にシベリアへの移住を促したのである。

この村の住民たちは、1910年から100年以上にわたって、ロシア語の荒波にも負けず、村ではポーランド人として、ポーランド語を使い続けてきたのである。現在この村には、カトリック教会やポーランド文化会館もあり、教会ではポーランドからやってきた司祭がポーランド語でミサや他の宗教行事を執り行っている。だが、最近では世代交代やロシア語を母語とする他民族との結婚などが原因で、ポーランド語をめぐる状況は刻一刻と変化しつつある。この村のポーランド語は将来どうなってしまうのだろうか。その変化の過程をこれからも注意深く見届けていきたい。　（もりた・こおじ）

映画に見る方言の復権

宇戸清治

タイ語
[主な使用地域] タイ
[母語とする話者数] 約6500万人
[文字] タイ文字

標準語と東北タイ方言

　タイ語（Thai）またはシャム語（Siam）はバンコクを中心とする中部タイ方言を元にしたタイ王国（人口約6500万人）の標準語である。言語系統としてはタイ・カダイ語族に属する。中国語や他の東南アジア大陸部の言語と共通する単音節型の声調言語であり、基本的な音節は「子音＋母音／声調」、「子音＋母音＋子音／声調」の形をとる。

　中国南部、ミャンマー北東部、ベトナム山岳部など近隣諸国にはタイ諸語（Tai）を話す人々がいる。標準語のほかに地域方言として、北タイ方言、東北タイ方言、南タイ方言があり、さらに北部クメール語、パタニー・マレー語、カレン語、タイ・ヤイ語、中国語、ベトナム語、近年ではビルマ語といった下位のマイノリティ言語がその隙間を埋めている。このうち東北タイ方言の話者数はおおよそ2400万人で、中部タイ方言に次いで多い。東北タイ方言はイサーン語とも呼ばれ、事実上はラオ（ラオス）語の南部方言である。ラオス人民民主共和国の人口が約600万人であることと比較すると、東北タイのラオ語話者の数は約4倍にもなるが、そこにはタイとラオスの関係史を少しひもとく必要がある。

　東北タイは17世紀まではメコン川を挟んだラーンサーン王国の支配地域で、アユタヤー王国にとっては過疎な辺境地に過ぎず、昔からたくさんのラオ人が定住し、ラオ語が共通語であった。またチェンマイやチェンセーンを中心にする北タイには13世紀以来、同じくラオ族系のラーンナータイ王国があり、カム・ムアン語（ユアン語、ラーンナータイ語）というラオ系の言葉が話されていた。アユタヤー王国がこれらラーンサーン王国もラーンナータイ王国も自分たちよりも低い存在で、面従腹背も平気なラオ人の国と見なしていたことは『クンチャーン・クンペーン物語』や『リリット・ユアンパーイ（チェンマイ征伐詩）』など人口に膾炙した古典文学の中の記述で確認できる。

　やがてラーンサーン王国は1779年にシャムの朝貢国となり、多くのラオ人がチャオプラヤ河下流域に強制移住させられた。また14世紀以降、何度もビルマやシャムの属領となっていたラーンナータイ王国も1775年にトンブリー王朝との戦争に敗れ、バンコク王朝時代の19世紀半ばには完全にシャムに併合され、属国としての独立性を失った。

　19世紀になり近隣諸国が次々と植民地化されると、シャムは国民統合の必要に迫られ、チャクリー改革と呼ばれる上からの近代化を進めた。1893年にフランスの砲艦外交によってラオスの左岸を失ったシャムはモントン（州）と呼ばれ

る地方行政制度の導入によって辺境地域を中央政府による直接統治に代えた。その結果、ラオ人の居住する東北タイ（イサーン地域）にはじめて中央集権が及ぶようになった。それまで異民族として扱っていたラオ人をタイ人と同一民族だと認定する必要に迫られたのである。間接統治時代にはラオ・カーオ、ラオ・プアン、ラオ・チアン、ラオ・クラーンと「ラオ」を冠していた辺境部の呼称を、それぞれモントン・イサーン（中央イサーン）、モントン・ウドン（北部イサーン）、モントン・パヤップ（現在の北部タイ）、モントン・ナコーンラーチャシーマー（南部イサーン）とシャム風に改名し、とくに東北部は総称して「イサーン」という地域名を使うようになった。

その後、1932年の立憲革命によって成立したピブーンソンクラーム人民党政権は「ラッタニヨム」（国家信条）という国家主義的な汎タイ運動を推進して国民統合を強化すると共に、英仏に奪われた失地の回復をめざした。人民党政権は国名を「シャム」から「タイ」に変え、国内の民族集団をすべてタイ人と呼ぶべきとしたうえでタイ語を唯一の公用語と定めた。学校教育ではタイ語のみを教育手段とすることが義務づけられ、メディアや文芸創作の使用言語もタイ語のみを許可し、それ以外の文字による出版を禁じた。そのうえ、44字あったタイ語の子音字のうち発音が重複するものを削って31字に減らし、母音符号、人称代名詞、肯定語・否定語の使用にも厳しい制限を加えた。このため当時の著名作家の多くがこの極端な文化政策に抗議して一時的に断筆する騒ぎも起きた。

イサーン方言のタイ映画

公的な場所での標準語以外の使用を禁じ、タイ民族としての国民意識を醸成しようとした運動は映画の世界でも貫徹された。戦後から70年代までの映画が娯楽の王様であった時代のタイでは、ジャンルを問わず物語の舞台の多くが農村であり、それゆえに国民の大多数を占めた農民大衆に支持された。しかしそこで話されていたのは地方観客の日常語である方言ではなく、すべて標準タイ語であった。

こうした状況に一矢を報い、主要登場人物がイサーン方言（ラオ語）を使用した最初の映画が、学生革命による民主化時代に製作されたドキュメンタリー『周縁の人々』（1976）である。主人公はイサーン出身の労働運動指導者で、方言の意味を理解できないバンコクの観客のために標準語の字幕スーパーが映し出される。同時期の『完全な国民トーンプーン・コークポー』（1977）にもイサーン出身のタクシードライバーや物乞いがイサーン方言で喋るシーンが字幕処理されている。やがて90年代になると喜劇界のスーパースターであるマム・チョクモックがほぼ全編がイサーン方言である一連の映画に出演したことで熱狂的なイサーンブームが巻き起こった。マムは東北タイで最も貧しいと言われるヤソートーン県出身である。

こうしたブームの背景としては、80年代後半にタイ王室が提唱し政府が推進した「イサーン・キアオ」（緑のイサーン）

プロジェクトがある。水資源・土地・森林の保護、農業収入の増加と地方産品の振興、生活の質の向上を柱とするこのプロジェクトの本質にはイサーン地域に暮らす「タイ人」としての自覚を強く促そうとする意図が隠されていた点で、近代化過程に辺境住民の国民意識を醸成しようとした施策と本質的には変わらない。その後、2006年に成立したタックシン政権はさらに「OTOP（一村一品）運動」という政府によるトップダウン・プロジェクトを推進し、自らの政権基盤の安定に農民を動員した。ただし、これらの施策が一定の成果を挙げたことで、貧しく遅れた地域であるという従来の農村イメージは徐々に変化し、農民の間でも誇りと自信が芽生えていったのも事実である。

映画をめぐる政治の反応

そんな中、2006年10月に公開された映画『マーク・テ・リターン』（マークは「駒」、テは「蹴る」で、「決定的一撃」を意味する）はタイ映画＝標準タイ語の世界と信じて疑うことのなかったタイ社会に大きな衝撃を与えることになった。『マーク・テ・リターン』はタイとラオスの中間に位置する「アーウィー国」という仮想国家のサッカーチームがワールドカップ出場を果たすという破天荒な映画である。その最大の特長は、アーウィー国が現実のイサーン地域とほぼ完全に重なること、従って全編にイサーン方言（ラオ語）が溢れていること、そのためほぼすべての会話に標準タイ語の字幕スーパーがついていることであった。

元々この映画の公開予定日はタックシン政権が絶頂期にあった2006年5月18日で、現実のワールドカップ・ドイツ大会開催の半月前であった。しかし試写会を観たラオス大使が、映画にはラオスの文化や言語に対する差別意識が見られ、上映されれば両国の外交関係を損ないかねないとの懸念を示した。タイ当局は急遽製作者に当該シーンの修正を命じたが、タイ側の行動が早かったのには理由がある。

タイ映画は1990年代後半から活況を呈しており、対ビルマ戦争の英雄を讃える『バーンラチャン』、『スリヨータイ』などの歴史大作が興行記録を次々と塗り替え、中進国への道を邁進していたタイ人の愛国心高揚に貢献していた。しかし、公定史観に基づくこれらの国策映画にはビルマへの優越意識が随所に見られ、ビルマ側から激しい非難を浴びた。同時期にはまた、ターオ・スラナリーという英雄を映画化する動きがあった。この人物は1828年にシャムからの独立をめざしたヴィエンチャンのアヌ王を迎え撃った伝説的な女傑で、近代化過程でタイの国民統合のシンボルに祭り上げられていた。しかしラオス側にとってはアヌ王こそが祖国の独立と民族統一のために戦った英雄であり、タイに対する逆賊という描き方は容認しがたいものだった。

タイはかつてアメリカが『アンナと王様』を製作した際、これをタイ王室に対する名誉毀損だと国際社会に訴えた経緯があり、国内ではいまでも上映やDVD販売が禁止されている。それらのこともあって、ラオスとの関係悪化を危惧したタイ側はこの映画の製作をストップさせ

た。

　かくて、修正以前の『マーク・テ・ロック・タルン』（世界を驚かせた一撃）はタイトルが『マーク・テ・リターン』に変更され、サッカーチームもラオス代表であったものが、北タイと東北タイにまたがる「アーウィー国」というラオ語を国語とする仮想独立国家とされた。チーム監督はラオ語を話すタイ国出身の「タイ・ラオ人」で、タイとの試合ではアーウィー国の国歌が斉唱されている。

　修正後の『マーク・テ・リターン』がタイ国内で上映されたのは2006年10月で、その一月前の軍事クーデターによってタックシン元首相は海外亡命を余儀なくされていた。タックシンは北タイと東北タイ、それに地方出身のバンコク住民の支持を受けて2001年の総選挙に勝利し、首相就任後は30バーツ医療制度や米の政府買い上げ、低利子の貸し付け政策など、農民たち向けの大胆な改革を行っていた。その結果、貧しい農民の庇護者としてのイメージを築いてきたプーミポン国王と権威を争うまでになり、人々の間ではタックシンは18世紀にビルマからの独立を果たした英雄タークシン王の生まれ変わりで、やがては大統領制の導入も視野に入れているとのまことしやかな噂まで広まっていた。

　これらの動きに国軍や王室関係者が危機感を募らせ、既得権益の擁護に動き、度重なるクーデターでタックシンを追放したことは想像に難くない。改訂前の映画が、タックシン元首相がクーデターによって倒される前の絶頂期に製作されたものであること、タックシンは「タイ・ラ

作り替えられて一般公開された
『〈帰ってきた〉決定的一撃』のDVD

オ人」であると自称するチェンマイ出身であること、サッカーチームのカラーが赤で、タックシン支援団体である赤シャツ派と同じであること、これらはこの映画が単なる娯楽作品の枠内に収まらず、長い間タイ中央から文化的・言語的差別を受けてきた北タイ、東北タイの復権を高らかに謳った一種の政治的「事件」でもあったことを示している。（うど・せいじ）

時間と自然の彼方に

中澤英彦

ロシア語
［主な使用地域］ロシアを中心とした旧ソ連圏
［母語とする話者数］約1億6000万人
［文字］キリル文字

いくら鋭く体制や政権批判をするロシア人でも決して批判しないものがある。それは Родина（ローヂナ）故郷、母国であり、ロシア語である。それどころかロシア語を神聖視したり賛美したりする人は数知れない。代表格は天才 M. ロマノソフである。スペイン語は神と話すのに適し、フランス語は友人と、ドイツ語は敵と、イタリア語は女性と話すのにふさわしい。ロシア語はそのどれにも適している、という趣旨の発言をしている。

はじめはまさかと思うが、学んでみると妙に納得するから不思議だ。このロシア語のうち、よく知られた面とほとんど知られていない面を紹介しよう。

動詞のアスペクトと時間意識

まず人称代名詞と動詞をざっと見よう。人称代名詞は一人称（я ヤー: мы ムィー）、二人称（ты ティー: вы ヴィー）、三人称（он オーン, она アナー, оно アノー: они アニー）に分かれ、それぞれに単数形と複数形（上の: の右側）、合計6つある。動詞は不定詞、過去形、現在形、未来形があるが進行形、完了形はない。過去形は主語の文法性（男性、女性、中性）と数（単数、複数）により形が変わり、単数で3つ、複数はすべて同じ1つの形、合計4つの形になる。現在形と未来形は主語の人称と数により6つの形になる。英語の I am, you are, he is のように主語と動詞はセットになっている。ここまでは英語とよく似ている。

ところが、なんとロシア語では未来のことを過去形で表すこともある。

たとえば家を出るときの言葉「出かけるよ」は Я пошёл!（ヤパショール）［男性過去形］。「行こうぜ」は Пошли（パシュリー）［複数過去形］である。例は割愛するが未来形が過去のことを表すこともあるのだ。なぜだろうか。実はロシア語は、時制よりも下に見るアスペクトが優先される言語なのだ。

ロシア語の動詞は、動作の展開、今後の展望を考えるか否かで2分される。さっくりいうなら英語の動詞1つがふつうロシア語の動詞2つになるのである。例。to read「読む」= прочитать（プラチターチ）+ читать（チターチ）

「何かを読んだら、何かをする」のように、読む動作から次の動作・段階への展開を考える場合は прочитать が使われ、「読んでいるときにはアクセントに気をつけよう」などのように、展開を考えない時は後ろの читать を使うのである。この区別・形を動詞のアスペクトという。

動詞の時制とアスペクトは、よく混同されるが、異なる。

時制は、現実に話している時点を基準に、同時なら現在形、前なら過去形、後なら未来形と分けられる。現実の時間と

直結しているのだ。他方アスペクトは、話し手が動作をどう見たいかにより分けられる。ある動作が別の動作・段階へ展開すると見たいか否かが基準で分けられるのである。いま現在読書中だとしても、「読書してから外出しよう」などともくろむ場合 прочитать が用いられ、単に「いま読書をしている」と動作の展開を考えない場合は читать が使われる。つまり、時制が客観的な時間の反映なのに対し、アスペクトは主観的なのである。

時制とアスペクトの意識はどの言語にもあるが、ロシア語では動詞がアスペクトにより異なる形となっており、話すとき絶えず選択を迫られる。そしてアスペクトが時制に優先するので、上の例のような驚くべき表現がなされるのである。ロシア語では時間意識がいわば主観的なのである。

そのためであろうか。日常生活では客観的な時計や暦の時間は日本ほどには意識されない。土木工事なども書類上はともかく、現実にはいつ完成するか分からないことがままある。地下鉄の工事を見ながら、完成はいつですかと尋ねた時、そのような発想がそもそも我々にはない、完成する時が完成時期なのだと答えられたものだ。

ロシア人はきちんと手はずを整えておいても、約束がどうなるかは当日の朝にならないと分からない。これには多くの日本人が悩まされる。もっとも、なれてしまえば、かえって自由気ままで気が楽ではある。

非人称文と超自然的力

ロシアの大自然はたとえようもなく美しくかつ非情で厳しい。モスクワでは夏に 30℃ を超す暑さがあるかと思うと冬には − 30℃ を下回ることもある。極端から極端に走るのである。この過酷な自然は、個人の努力や計画を一瞬にして覆すこともある。人々は神に祈るしか手がなく、すべてを超越する自然の威力に恐れおののきひたすら耐えてきた。そして、吹雪や厳寒を引き起こす超自然的な何ものかの名を、災いを恐れて口にするのを避けるようになった。

そのためであろうか。英語の非人称主語 it にあたる語が使われなくなり、結果としてできたのが非人称文（主語のない文の一種）といわれる文である。先祖の同じ英語の文と比べてみよう。

「寒い」、つまり It is cold. の It の使用をロシア人は避け、is cold. となるが、このような文では be 動詞（ここでは is）を使わないので Cold. となる。これをロシア語綴りに直すと、Холодно.（ホーラドナ）「寒い」という文になる。この種の文には主語はなく、ありえない。

言語学的には別の説明がされるが、こう考える方がロシア語に多い非人称文やロシア人の言動が感覚的にはすんなり頭にはいってくる。

会議や授業中に寝てはいけないと思いつつもついうとうとしてしまった、という経験は誰にもあるであろう。この時の「眠い」を日本語や英語では的確に表せるであろうか。

このような時、ロシア語は本領発揮で

ある。自然界の状態で自分の意志ではあらがいようのない状態はふつう非人称文となる。

　Мне хочется спать.（ムニェホーチェッツァスパーチ）がこれである。これは、本人の意志や能力の問題ではなく、超自然的な力が私に作用し私を眠くしているという、いわば客観的な報告で、本人に責任は問えないのである（『はじめてのロシア語』講談社現代新書 pp. 203 - 204 参照）。

　これに限らずロシア語では行為者と行為や状態の関係が微妙に表現できる。

　　Я не сплю.（ヤーニスプリュー）
　　私は眠っていない。私は（私の意志で）眠らない。
　　Мне не спать.（ムニェニスパーチ）
　　非人称文　私は眠れない。たとえば家の前の道路工事が原因などと明確な理由がある場合。
　　Мне не спится.（ムニェニスピーッツァ）非人称文
　　私はどうにも（原因不明）眠れない。

　入試やデートの前夜に経験しなかったろうか。理性は眠れと命じているのに、なぜか眠れない。このようなとき、自分の意志以外のなにものかの作用をロシア人は感じてしまうのだ。

　そうそう入試や何かのコンテストやまた初デートの際の挨拶、「頑張ってね」はНи пуха, ни пера.（ニプーハ　ニピラー）直訳すると、狩に出かけようとするハンターに向かって、羽や和毛も取れませんように、つまり、失敗しろ、という意味。こんなことを日本で言おうものなら大変であろう。言われたら通常「有難う」ではなく、К чёрту（クチョールトゥー）「悪魔の方に飛んでいけ」という。つまり失敗させようと企む悪魔に、最初から「失敗しろ」と言われている姿をあえて見せることで、悪魔に悪事を行う気を失わせる意図があるのである。

　ロシア人の心理では、この地上には悪魔などの魑魅魍魎（ちみもうりょう）がうようよおり、「合格を！優勝を！」などと虫のよいことを言うと逆の結果にされかねず、そのため悪魔を欺く便法とのこと。もし悪魔が深読みしたら…と心配する向きもあるかもしれないが、ご安心を。ロシアの悪魔は素直で深読みはしない……。

　ともかく、知識人の言動でも迷信深さが目立つのである。Сглазить（ズグラーヂチ）相手の成功などを予言して結果的に不幸を招く、これは「褒め殺し」に近いだろう。ロシア人はインテリでも、「将来〜間違いない」などと虫のよいことを言われるとやめてくれと悲鳴を上げる。何しろ、Спасибо（スパシーバ）＜ спаси（スパシー）Бог（ボーフ）「有難う」は「神よ、助けたまえ」が原意であるし、「畜生、くそ」は чёрт возьми（チョールトヴァジミー）「悪魔に持っていかれろ」。

　このように神と悪魔なくしては一日も過ごせないのがロシア人なのである。

　純粋数学や理論物理学で世界をリードする人がいる反面、不思議なことである。

　このように理性的でありながら迷信深く、緻密でありながらずさんなど数々の魅力に満ちているのがロシア、ロシア語なのである。（なかざわ・ひでひこ）▼

武田 千香（司会）
藤縄 康弘
橋本 雄一
沼野 恭子
立石 博高

（構成：伊藤達也）

言語と文化の多様性を生きる

【前篇】

1855年	洋学所
1857年	蕃書調所（1863年に開成所）
1860年	北京条約（天津開港）
1868年	戊辰戦争、明治維新
1873年	東京外国語学校開設。5科（英・仏・独・露・清語）を設置
1875年	樺太・千島交換条約。江華島事件
1876年	日朝修好条規（朝鮮開国）
1877年	西南戦争
1881年	二葉亭四迷が露語科に（1886年に抗議退学）
1885年	東京商業学校に併合
1887年	仏領インドシナ連邦成立
1894年	日清戦争（1895年まで）。上田萬年が「国語と国家と」講演
1897年	高等商業学校に附属外国語学校附設。7科（英・仏・独・露・西・清・韓語）を設置、修業年限3年
1898年	米国がハワイ併合。フィリピン独立宣言
1899年	高等商業学校附属外国語学校が東京外国語学校と改称。文部省管轄3官立専門学校の1つとして独立。伊語学科を設置し、8学科となる
1902年	日英同盟
1903年	ロシアが奉天を占領
1904年	日露戦争（1905年まで）。シベリア鉄道開通
1906年	南満洲鉄道株式会社設立
1908年	ブラジルへ移民開始
1910年	韓国併合
1911年	新たに5学科（蒙古語、暹羅語（シャムロ）、馬来語（マレー）、ヒンドスタニー語、タミル語）を設置し13学科となる。辛亥革命
1914年	第一次世界大戦（1918年まで）
1916年	葡語学科を設置し、14学科となる
1917年	ロシア革命
1918年	シベリア出兵
1919年	学科を部に。部の下に文科、貿易科、拓殖科を置く
1920年	国際連盟
1927年	朝鮮語部廃止により13語部となる、修業年限4年に改正
1929年	世界恐慌（1932年まで）
1931年	満洲事変
1932年	満洲国建国宣言
1937年	日中戦争
1939年	ノモンハン事件
1941年	太平洋戦争（1945年まで）
1944年	東京外事専門学校と改称、修業年限3年に改正
1948年	第一次中東戦争（1949年まで）
1949年	北区西ヶ原町の校地に戦災復旧木造校舎を新築。国立学校設置法の施行により東京外国語大学設置、修業年限4年12学科（英米、フランス、ドイツ、ロシヤ、イタリヤ、イスパニヤ、ポルトガル、中国、蒙古、インド、インドネシヤ、シャム）を設置

近代日本の生き字引

武田 東京外国語大学は、文字通り、日本の近現代史とともに歩んできた大学です。日本がいかに諸外国と関わってきたか、影響を受けてきたかは、この大学の歴史に直接・間接に現れている。こんな大学は世界中みてもあまり例がないのではないでしょうか。

立石 たしかにこの大学は、日本と世界の関わりの変化にあわせるように紆余曲折を経てきました。

武田 そのことは、私がここで教えているポルトガル語、そしてブラジルの文学・文化からも窺えます。

　ここで簡単に日本とポルトガル語の関係を振り返ってみると、その歴史はキリシタンの時代、すなわち16世紀まで遡れます。ポルトガル語は、日本が初めて出会った西洋語になるわけです。

　その後、鎖国の時代に入ったことで、一度関係が途絶え、日本が開国した頃にポルトガルはもはや模範とすべき国ではありませんでした。

　転機となったのは、ブラジルへの移住の開始です。正式に始まったのは1908年で、それ以降、ポルトガル語教育のニーズが認識されます。そうして、当時、東京外国語学校という名前だったこの学校で、近代日本初めてのポルトガル語教育が始まったんです。

沼野 東京外国語大学のポルトガル語教育はたしか今年でちょうど創設100周年でしたね。

武田 つい先日記念のイベントを開いたばかりです。

立石 少し歴史を整理してみましょうか。東京外国語大学は、1857年の蕃書調所の開校まで遡ることができます。もっとも蕃書調所は江戸の公儀が設けた直轄の洋学研究教育機関で、日本のあらゆる高等教育の起源とも言えます。

藤縄 後の東京大学として知っている人も多いかもしれません。

立石 蕃書調所から始まり、どのような変遷を辿ったのか。その歴史を振り返っていくと、この学校がこれまで期待されてきた役割、担ってきたもの、さらに現在の姿もより深く理解できます。

　江戸時代の日本の高等教育は、英・米・独・仏、そしてオランダといった進んだ科学技術を持った諸外国の知識を導入するための翻訳が不可欠で、蕃書調所がその役割を担いました。その後、幕府直轄の開成所、さらには開成学校が生まれ、これが東京大学のルーツになります。

　それに対して、将来の東京外国語大学といえる東京外国語学校ができたのは、明治維新後の1873年です。当時の先進国は米・英・独・仏で、それら各国の進んだ技術を取り入れるため、また外交・通商を担うために、英語、ドイツ語、フランス語の教育機関が必要でした。さらに隣国である中国やロシアといった大国との関係において活躍できる人材の育成が求められたのも特徴です。

　つまり、そもそもこの学校は「通辯(つうべん)」、すなわち通訳、翻訳者を養成する専門学校と位置づけられた。非常にインテンシブ(集約的)な役割と言えます。

　加えて学校と言っても小学校を卒業した13歳から入学できたわけで、高等教育

立石博高

を受けるための言語教育学校として設立された。もちろん、13歳の学生ばかりだったわけではなく、様々な学生がいた。そんな学生のなかで有名なのが、東京女子大学の創設者として知られる新渡戸稲造。彼も、英語を学ぶために東京外国語学校で学びました。

一方、もう1つの大きな流れとして、文学をはじめ高等教育を担う機関の必要性が高まり、帝国大学が創られた。さらにそれに加えて、実業界で活躍する人材を育てたいという社会の要請が高まります。それが商業学校という流れとなり、東京商業学校が生まれます。

藤縄 「通辯」と「学問」と「実業」ですか。開学当初から近代日本の激流にいたことがよくわかりました。

ミイラ取りがミイラに

立石 話はこれで終わりません。信じられないことですが、英語教育が東京英語学校（後の東京大学予備門、旧制一高）に移管されてしまう！ それが1874年のこと。東京外国語学校に残ったのは、フランス語、ドイツ語、ロシア語、中国語。さらに1885年には、残ったフランス語、ドイツ語も東京大学予備門に移されてしまいました。そして最終的に東京商業学校に合併されてしまう……

反対の声も上がったが、結局、押し切られてしまった。反対のなかには、外国語を学ぶということが、単に「通辯」の必要だけにあるわけでないという意見もありました。

実際に、外国語を話す人々、遠い異国の問題に関心を持ち、そして翻訳、文学作品を創造する人たちが当時現れ始めた。二葉亭四迷をはじめとしたまさにこの学校が誇る文人たちが生まれていたのです。

沼野 二葉亭四迷は、北東アジアの利権を帝国日本と争っていたロシアを倒す一助になろうと、敵を知るために露語科に入学したのに、学ぶうちに反対にロシア文学に魅せられてしまった。ミイラ取りがミイラになってしまうわけです。

立石 東京商業学校に合併されることを潔しとしない教員は何人もいました。一方で、東京商業学校に残って活躍した方もいます。

外国語を学ぶことが、商業一般と直截に結び付いた形で、決着が図られてしまった。しかし、それでは解決しないわけで、1897年、高等商業学校附属外国語学校が創立されます。

ただ、この学校もいわゆる「人文知」

を重視したものではありません。明治時代に入り、次第に日本は諸外国と貿易・植民——当時は「拓殖」と言いました——を推し進めるようになり、そのための人材を必要としていた。人材養成の専門学校が必要だという認識があったのです。

それを表すように、創立時に英・仏・独語科が復活しています。その他に、露語、清語、韓語、そして西班牙語（スペイン）が学科として作られる。

西班牙語科が作られたことの意味は小さくありません。なぜかと言えば当時はフィリピンがスペインの植民地だったからです。当時、スペインと日本は国境を接していたんですね。台湾は日本の植民地で、フィリピンはスペインの植民地でしたから。

武田 なるほど。

立石 西班牙語科が作られたのは、南方への利害もありますが、他方で、明治も時代が進むと、熊本や広島や沖縄をはじめ日本の貧しい地域の人々の南米への開拓が求められるようになった。

そこで現地へ斡旋できる人材が求められ、なかには自ら開拓に関わる学生もいたと言います。そして1899年には再び東京外国語学校として分離し、その時には伊語科も設置された。

なんとか商業とは別のものを学校として存続したいという底流は常にあったわけですけれども、実際には、貿易・植民という根拠が、文部省に対しても必要でした。予算を獲得しなければならないという側面もありますしね。

橋本 〈貿易・植民〉と〈文化〉の狭間であるいは翻弄され、あるいは自主的に動いたこの学校の姿が手に取るようにわかりますね。貿易はともかくとして、「植民」という言葉はまさに帝国主義の時代を表しています。

立石 「通辯」として言葉を国家に役立てるべしという政治的な要請と、学問としての語学研究——、その2つのバランスをどうとるのか。それが20世紀に入って戦争の色が濃くなるにつれ、新たな課題として持ち上がります。

「通辯たるなかれ」の意味

立石 浅田栄次という人物をご存じでしょうか。東京外国語大学の「中興の祖」とも呼ばれており、実はこの学校のキャンパスで唯一、記念像が立てられている人物なのですが……。皆さんの反応を見ると、あまり知られていないようですね（笑）。

浅田栄次は1865年生まれで、昨年が生誕150周年でした。青山学院から移って講師を経て教授を務め、1899年には教務主任となり、東京外国語大学の「学則」の基礎を作った人物です。

すこし横道にそれますが、彼は実は、旧約聖書の研究で、シカゴ大学において人文学で初めて学位をとった人物です。ヘブライ語もラテン語もアラビア語も、英語ももちろん堪能でしたが、1906年に日本で初めて随意科エスペラント科を置き、エスペラント語の教育をこの学校で始めた人物でもあります。

浅田が「学則」で提起したのが、当時の言葉で言う「近世語（Modern

沼野恭子（左）と武田千香

Languages)」、つまり、いま話されている言葉を学ぶということです。もう1つは、実務に適すべき人材を養成することでした。この2つが、東京外国語学校が再スタートしたときの目的だった。

浅田は実務を決して疎かにしないわけですけれども、一方で、学生たちに一番伝えたかったのは別のことです。

「語学専門なるも通辯たるなかれ、西洋の文物を学び世界的人物と作れ、アングロサクソンの精神を学べ」

浅田はそんな言い方をしています。20世紀に入って、現代に通じるような精神で東京外国語学校は再スタートを切っているのです。

橋本 ただ、そのような精神を持ちながらも、〈貿易・植民〉を専門とする学校として、アジアへの進出に寄与する役割が求められていたわけですね。

立石 1911年には、新たに蒙古語、馬来語、ヒンドスタニー語、タミル語学科を設置しています。これはアジア進出に寄与する人材を求められてのことと言えます。

武田 そして1916年に、冒頭でお話しした葡語学科の追加も行われていますね。

「貿易殖民語学校」構想

立石 そんななか1917年に大学改変の大きな波を受けることになります。

一橋大学は当時東京高等商業学校で、国内で活躍する実業家の育成を担っていたのはすでに述べた通りです。一方で東京外国語学校は、貿易・植民に専ら与る人材の育成を担っていた。その役割をもっと強化すべきだという論が巻き起こり、東京外国語学校という名称から「東京貿易殖民語学校」と名を改めよという議論が生じたのです。

武田 それにしてもストレートな名前ですね。

立石 しかし、その名称変更に反対した一大キャンペーンが卒業生たちの間で起きました。当時の朝日新聞はその反対運動について記事にしており、「誠に尤もな次第である……語学といふは通辯やガイドの用に計り立てるものでない。國語の生命は思想である」と書いています。幸いにして、この時には校名の改称はありませんでした。

しかし、言語を研究することで異なる文化を学ぶ、という純粋な目的は次第に追いやられ、1919年に言語ごとの編成の下で三学科に改編されます。それぞれ英語部、仏語部というような学部に設けられた3つの学科は「文科」「貿易科」「拓

殖科」となりました。

残したかった「文科」は守れたとはいえ、蒙古語や馬来語、ヒンドスタニー語部には文科はありませんでした。さらに注目すべきは「拓殖科」です。さすがに、植民する対象ではない英語、フランス語、ドイツ語に拓殖科はなかった。

モンゴル語部にも拓殖科はなく、貿易科だけなのですが、この頃はすでに満洲国建国へ向かっていましたから、すでに拓殖は必要なかったわけです。

ご存知の通り、その後、日本は不幸な時代に進んでいきます。一番分かりやすいのは、「朝鮮語」が1927年に廃止されていることです。朝鮮は植民地化され、「日本の一部」になったわけですから、外国語として教えるのはまかりならんというわけです。

「朝鮮語」をどう扱うかという問題は、戦争が終わってからも長く尾を引きました。戦後になってからも、「韓国語」なのか「朝鮮語」なのかというイデオロギーの絡んだ議論も続き、東京外国語大学で朝鮮語が復活したのは、なんと1977年のことです。50年も途絶えていたわけで、日本の国立大学として朝鮮半島とどう向き合うか、難しい状態が続いたことがそのことからも分かります。

暗い時代の人々

橋本 商業・貿易・植民という視点からの言葉の学校という編成が、東京外国語学校にはあったというお話でしたが、なかでも、「植民」という言葉を考えることは重要だと思います。帝国日本前後か

当時の朝日新聞（大正6年12月21日）

ら、いわゆる「征韓論」が起こり、日清戦争へと突き進んでいく——この学校は「戦争のなかの学校」だったという認識です。

まず1880年という非常に早い時期に、朝鮮語学科が設置されています。これには最近隣のアジアへのある特殊な眼差しが背景にあったのでしょうし、さらに14年後の1894年には日清戦争で清国と朝鮮半島を争い、1910年には朝鮮を併合している。そんな時代の流れを見据えて、一番近くの隣人の言葉である朝鮮語学科が設けられたのは確かでしょう。

立石さんは「不幸」と仰いましたが、日本は、あるいは外大は、近代史の責任と向き合えないまま、1977年まで戦争を引きずったと言えます。また、朝鮮半島の言葉をどう呼称するか簡単には結論を出せず、朝鮮語なのか、韓国語なのか、

橋本雄一

ハングルなのか。呼称をどうするかはNHKで講座が始まる時にも、いろいろな議論が起こったと聞きます。

武田 そうでしたね。

橋本 中国語や朝鮮語をいかに扱ったかを見るだけでも、東京外国語大学には、近代日本におけるアジア他者認識の先達になるような、言い換えるならば「外への拡張」という暴力の一翼を担った歴史があったことが分かります。

さらに思い出されるのが、東京帝国大学で国語学研究室を開設した国語学者の上田萬年です。1890年、彼は東京外国語学校の校長を短い期間ながら務め、文書館でも彼の肖像を展示しています。

彼は帝国大学で「国語と国家と」という講演をしたことで知られています。日清戦争で朝鮮半島に進出した日本軍が、今日の戦闘でどこまで勝ち進んだかということをビビッドに聴衆に伝えながら行った講演です。

「国語は日本人の血液だ」と、言語をある種フェティッシュに、カッコつきの「民族」の血と肉のように比喩して、外に拡張する日本を愛でた講演をした。そういう人が校長になった歴史がある。それを考える必要があるでしょう。

立石 戦争のなかでこの学校がどんな役割を担ったのか、内省することを忘れてはいけません。

第二次世界大戦の最中、1944年には、東京外事専門学校と名称を変更され、たくさんの学生がアジア侵略・進出の一環で翻訳に携わり、多くの命が失われました。そうした苦い過去も心に刻む必要があります。

そして戦後、この学校は東京外国語大学としてスタートします。もともと専門学校だったわけですが、大学になろうと考えた。単なる語学学校では大学として認められないので、それまでの「通辯」にとどまらず、新たな大学としての使命を掲げることになりました。「学則」の第一章第一条にはこうあります。

「東京外国語大学(以下「本学」という。)は、世界の言語とそれを基底とする文化一般につき、理論と実際にわたり研究教授し、国際的な活動をするために必要な高い教養を与え、言語を通して世界の諸地域に関する理解を深めることを目的とする」

この理念のもと、東京外国語学校、東京外事専門学校は大学として新たに生まれ変わりました。

「外国語」という陥穽

武田 〈貿易・植民〉、さらに〈外交〉という与件が、「外国語」という固定した枠組みを図らずも作ってしまったところがあると思います。ただ、世界を見ると、かならずしも「国」にとどまらない政治や文化がある。言語という面で見ても、「国」という枠組みだけでは多くのものをかえって見落としてしまいます。

「27地域言語」と学内では言っていますが、それはどこかの「国家」で公用語になっている言語だけで、世界の言語事情を見ると、使われている言語はもちろんそれだけには収まりません。スペイン国内でもそう、より広大な中国、ロシアもそうだと思います。橋本さんは、それにもかかわらず、「中国語」専攻しかないのは偏っていると以前指摘されていましたね。

橋本 言葉の持っている象徴性、暴力性というか、どんな言葉でも言葉にすると象徴的なものしか言い当てられなくて、〈個〉なるものの存在、その言語を実際に話している「このひとりの人間」や、その地域にいる多様な人々のうちのそれぞれについては、言い当てられないんですね。

たしかに、言語の名付けが象徴的になってしまうのは避け得ないとは思います。たとえば「橋本が使う日本語の日本語学科」などはいちいち開設できないですからね。いったい誰が入学してくれるでしょう（笑）。英語であれば、イギリスという地域で暮らす顔と名前を持った一人ひとりが使っていると考えた時に、個々を名指せないので大きな象徴的な像の名付けにどうしてもなってしまう。それをどう考えるべきなのか。

たとえば、「満洲国」という日本の傀儡政権のなかで、「民族協和」（「五族協和」）として、○○族と□□族……と並べ立て、さも多様な民族が共存していたというスローガンに使われた。大きな像への名付けからこぼれ落ちる異民族、マイノリティ。方言の問題も含め、言葉もこれと同じですね。

沼野 私の専門に近いところで言いますと、この大学でも長い間、ロシア語がスラヴ語の「代表」のように見なされてきましたが、1991年、チェコ語とポーランド語が開設され、スラヴ語は3つになりました。また、専攻としてではありませんが、ウクライナ語やスロヴァキア語なども学べます。こうした動きは、大学内部からの要望でもあり、社会的な要請でもあって、スラヴ語の多様な実態に呼応したものと言えます。象徴的な言語だけでは捉えられない世界がある――そんな世界中に生まれている問題意識を反映していると思います。

さらに、旧ソ連にはスラヴ語以外のさまざまな言語があるわけですが、2012年

	英語部	仏語部	独語部	露語部	伊語部	西語部	葡語部	支那語部	朝鮮語部	蒙古語部	馬来語部	ヒンドスタニー語部
文科	●	●	●	●	●	●	●					
貿易科	●	●	●	●	●	●	●	●				
拓殖科					●	●	●	●			●	●

東京外国語学校　各語部と3学科（1919年）

藤縄康弘

に二学部に改編されたときに、中央アジア諸言語のうちウズベク語も専門的に学べるようになりました。

橋本 数多くの言葉があるのは、中国も同じです。中国には18世紀に移住してきたと言われるロシア族もいますね。

少数言語の〈言語権〉

立石 今年4月にワールド・ランゲージ・センター（Lingua）を新たに設置しました。専攻語の達成度を測る目的もありますが、同時にできるだけ提供する言語を増やしたいという目的もあります。具体的に言うと、現在本学で授業を開講している65の言語を、80に増やすことを目指しています。

スペインではフランコ時代が長く続き、「スペイン人ならスペイン帝国の言葉を話せ」という政策がとられ、国内にある少数民族の言語、カタルーニャ語やバスク語などといった言語を公けの場で自由に表明する機会を奪われた。少数民族と言っても、カタルーニャ語の話者はデンマーク語よりも多いし、地域としての経済力はポルトガルよりも大きい。現在でもたびたび独立運動がニュースとして報じられていますが、数が多いがゆえに弾圧が激しかった地域でもあります。

そのカタルーニャ自治州が、「世界の言語」というプロジェクトを2000年代に始めました。欧州における少数言語の「言語権」を認めようという動きです。できるだけ多くのマイノリティ言語を研究し教育する機関を作ろうとしたのですが、やはり一自治州の取り組みですし、予算的な問題もあり現状では頓挫している。私の夢は、本学を「世界の言語」の一大拠点とすることです。

今年はイディッシュ語（中東欧出身ユダヤ人の言語）、ハワイ語、トルクメン語（中央アジア、トルクメニスタンなどの言語）の3言語が新たに開講されました。世界の言葉という発想を持つことはとても大切なことで、たとえばスペイン語さえやればスペイン語圏が理解できるかと言えば、カタルーニャの例を見るだけでもとんでもない間違いだとわかります。中国語も同じで、中国の標準語がわかれば中国語圏が理解できるわけではない。

沼野 少数言語や危機言語について知ることは、世界が流動性を増すなかで、ますます重要になっています。

1つの地域における言語の構成は複雑さを増していて、昔の発想で「1つの地域に1つの言語」とは言えない現実が世界中に見られます。そのなかで、バイリ

ンガルの人もいれば、その地域でよく話されているどの言語の話者でもない人もいる。非常に複雑な様相を呈してきているわけですね。その現状にあった対応が今求められていると思います。

橋本 世界の現実が、「一地域＝一言語」ではないし、その状況はますます広がっています。中国でも朝鮮族は朝鮮語を話すし、モンゴル族はモンゴル語を話します。

武田 同感ですね。

沼野 1991年にソ連が崩壊して、ヒトの移動もモノの動きも自由になったために、そうした傾向はますます強まり、より複雑化していると思います。旅行のような一時的な移動だけでなく、国境を越えて外国に長期滞在することも多くなっていますよね。どの地域に住んで、どの言語を話すかが個人の選択に託されるようになっています。

現代文学では、「作家がどの言語を選んで書くか」という問題が大変重要になってきていると思います。ロシア語が母語であっても、移住先では自ら言語を選んで作品を書く作家が若い世代に現れているのです。たとえば、ロシア出身でドイツ語圏に移り住み、ドイツ語で作品を書いてベストセラーを生むような作家もいます。

また、2015年にノーベル文学賞を受賞したスヴェトラーナ・アレクシエーヴィチの場合は、父親がベラルーシ人、母親がウクライナ人なのですが、自身はロシア語で作品を書いています。いずれにしても、多様性を持った作家への関心が今後ますます高まっていくのではないかと思います。

もう一人の自分に出会う

武田 言葉というものは、カタルーニャ語の話からもわかるように、自分たちのアイデンティティに密接に関わってくる。沼野さんの話にあった文学においても、「自分を語る言語」を選びとるわけですよね。

つまり、言葉というのは、disciplineと呼ばれる法学や経済学とは違って、人間の根源に関わるものです。人間の礎であり、心の足場とも言える。ですから言葉を研究する時には、それぞれの世界におけるそれぞれの人たちの心の足場について考えることになる。法学部や経済学部で学ぶのとは、異なる次元の学びではないでしょうか。

卒業した学生に話を聞くと、「いかに日本が同質的な思考に陥っているか。この大学は本当に多様だった」と口々に言います。たしかに変人も多いと思うのですが（笑）、言語を通してもう一人の自分が見つかる。皆がそんな体験をしているからこそ、「多様性」の重要性を認識できるのだと思うんです。

藤縄 うちの学生は、自らが専攻した言語で自分を表現できるようになることが珍しくない。これは大きいことだと思います。言語を通してもう一人の自分を見つける。もしくは、新たな自己像を作ってゆく。

先程の「一地域＝一言語」の話とも繋がりますが、この大学は、言葉を通して「国」を相手にしてきたわけです。それは

「外国語」大学に課せられた宿命でもある。

しかし、国や地域といった従来の固定的思考を意識して乗り越えた先に、いろんな考え方があるんだということを身体でもって知ることができるのは素晴らしいことです。

武田 「外国」に限らず、いろいろな地域の言語や価値観と自分のそれを往復させることで、だんだん新しいものが生まれてくる。言語を相対化することで、新たな発想や価値観が生まれることが大切なのだと思います。

沼野 二葉亭四迷も、ロシアを「敵」と見なす軍国主義的価値観から、ある種の平和主義に転じたと考えることもできます。ロシア語を学ばずにたとえば英語を通してだけロシアを学んでいたとしたら、あそこまでは行かなかったのではないかと思います。

武田 平和主義というお話はとても重要ですね。それまで自分の持つ価値観では許容できなかった文化や価値観でも、その対象を深く知り、それとの往復を繰り返すことで、両者とも自分の中で共存できるようになる。

沼野 相対化について言いますと、日本語と英語だけではなく、もう1つ別の言語を学ぶということがとても大事だと思います。3つの言語を知ることによって三角形が形成され、ものの考え方がより相対化されます。

橋本 本当にそうですね、そのような比喩は僕もよく教室で使います。

沼野 二点では直線にしかなりませんが、3つの点があって三角形になることで空間化する。さらに多ければ円に近づき、ますます相対化することになる。これが人間の幅につながるのだと思います。

最近の日本の風潮としては、第二外国語をとらなくていいという学校が増えています。これは残念なことで、言語の初歩を齧るだけでも、「こんなに考え方が違うんだ」という発見のある場合があります。若い時にその体験をすることが、自分を相対化するのに役に立つのではないかと思います。

立石 東京外国語大学では、この狭い空間で、少なくとも27言語の専攻が学ばれている。要するに、多言語の学生、教員同士が接触しているわけですね。(続)

わたしの声は
わたしのものなのか？

識字率から考える

長渡陽一

アラビア語
[主な使用地域] 中東や北アフリカのアラブ諸国、およびその周辺諸国
[母語とする話者数] 約3億人
[文字] アラビア文字

文字の読み書きができない「非識字」の人々が不利益を受けているとして、とくに開発途上国において識字率を上げる国際的な支援の動きが進んでいます。2000年の「ダカール行動枠組み」のような大きな取り組みもあります。

アメリカ中央情報局の「the World Factbook」(2016年9月) によると、現在の日本の識字率は99％で、ほとんどの人が読み書きができるので、日本では識字率が問題として取り上げられることはありません。この識字率の高さの理由には、教育制度の充実とそれを支える経済的な豊かさがあげられますが、これとともに「皆が日本語を話せる」という条件があることを忘れてはなりません。この点から、アラビア語の世界を見てみたいと思います。

アラブ諸国で識字率は、クウェートやバーレーンが約96％、ヨルダンやサウジが約95％です。シリア、チュニジア、アルジェリアなどが80％台、イラク、スーダン、エジプト、イエメンが70％台、モロッコは68.5％、モーリタニアは52％です。

サウジや湾岸諸国の識字率が高いのは、1人当たりの国民所得が高く、クウェートは4万ドル、サウジは2万ドルを超えるなど経済的に豊かな国で、教育が普及しているためとも考えられますが、そのほかに、国民の大部分がアラブ人であるということも理由の1つと考えられます。ただし「国民」には、クウェートの人口の7割を占める外国人は含まれていません。逆にモロッコなどが70％を切るなど低くなっているのは、経済的な理由もあるかもしれませんが、国民にアラブ人以外の民族が多く含まれていることがあると考えられます。

異言語の人々

現在、日本の識字率が高い理由は、小学校でひらがな、カタカナ、漢字を学んでいるため、つまり"文字"をしっかり学んでいるためだけではありません。これには、"日本語"ができることが前提にあるのです。

モロッコの識字率が70％に満たない理由には、国民の35％がベルベル人で、第一言語がアラビア語ではなく、ベルベル語（またはアマズィグ語とも呼ぶ）であることもあると考えられます。つまり彼らが"識字者"になるには、まず母語ではないアラビア語を学ばなければならないのです。

彼らがベルベル語の"識字者"になるにも壁があります。確かに民族運動によってベルベル語の復権が進んできており、ティフナグ文字と呼ばれる文字が整備され、コーランやいくつかの文学作品のベルベル語訳が出版されています。私も『星の王子さま』のベルベル語訳を

見つけて買ってきました。また2011年にはベルベル語がモロッコの公用語の1つと定められました。しかし、ベルベル語は数多くの部族に分かれ、互いに通じないので、「標準ベルベル語」を結局学ばなければなりません。そして、たとえベルベル語の識字者になったところで、それで書かれた本は少ないので技術も学問も学べないし、ベルベル語で何かを執筆しても読んでくれる人は少ないので、やはりモロッコで識字者になるにはアラビア語の識字者にならなければ意味がないのです。モロッコの識字率の低さは、このようにアラビア語を身につけなければ識字者になれないベルベル人たちがたくさんいることにも一因があると考えられるのです。

モーリタニアの国民は、アラブ人とベルベル人を合わせて70％で、それ以外の諸民族が30％です。国民の半数が、識字者になるためにアラビア語やフランス語を学ばなくてはならないのです。

同じように、シリアにはクルド人やアルメニア人などが約10％、イラクにはクルド人が約20％、スーダンにはヌビ人、フール人、ベジャ人ほか諸民族が暮らし、イエメンには南アラビア系のソコトラ人、メヘリ人などが暮らしています。このうちクルド人は、シリア、イラクのほかイラン、トルコなどにもまたがって暮らしており、クルド語は2000万人前後の大言語ですが、近年、戦乱が起きているシリアではクルド語は公用語とされていないので、戦禍から他国に逃げているシリアのクルド人たちは、クルド語と日常会話のシリアアラビア語を話すことは

ベルベル語の『星の王子さま』から

できますが、読み書きのアラビア語はほとんどできないのです。

以上のように、アラブ圏の識字率を見るとき、小学校での"文字"学習だけでなく、別の"言語"までも学ばなければならないという困難によって識字率が低くなっていることが考えられるのです。同時に、識字率を上げることは、大言語に呑みこまれて彼らが自分たちの民族言語を捨てることへつながることも、問題として忘れてはならないでしょう。

言文"不"一致

実はアラブ人にとっても、アラビア語の識字者になるためには苦労の道のりがあります。エジプトは国民のほとんど、99％以上がアラブ人で、小学校の就学率も97％と高いです。それにも拘わらず識字率が73.9％と低いのは、経済的な問題や教育行政にも問題があるかも知れませんが、もう1つ、アラビア語の「言文"不"一致」が大きくかかわっていると考えられます。

アラビア語は、ふだん話す"言"すなわち会話体と、読み書き、あるいはニュースや公式な場での言葉である"文"すなわち文章体の2つの文体があります。

このように二層になっている状態は、ギリシャ語の「ダイ」（2つ）と「グロス」（言葉）を合わせた造語で「ダイグロシア」と呼ばれています。

たとえば名前を尋ねる文は、文章体とエジプトの会話体では次のようになります。

会話体:「エスマク・エー？」（名前は何？）
文章体:「マー・イスムカ？」（名は何ぞや）

また、「コーヒーが飲みたい」は次のようになります。

会話体:「アーイズ・アシュラブ・アホワ」
　　　　（コーヒーを飲みたい）
文章体:「ウリード・アン・アシュラバ・カホワタン」（珈琲を飲まんと欲す）

「飲む」は「アシュラブ」と「アシュラバ」、「コーヒー」は「アホワ」と「カホワタン」で、同じ単語ですが少し発音が違っています。文章体「カホワタン」の「タン」は目的格「〜を」を表す古典語特有の語尾です。「欲しい」を表す「アーイズ」と「ウリード」はまったく別の単語を使っています。

エジプトのコメディ映画『テロリズムとケバブ』のシナリオで単語を数えたところ、会話体と文章体で共通している単語は70％くらいでした。ただ、「〜したい」や動詞の「行く」、「見る」、疑問詞といった基本単語に違いが多く、また表現などにも違いがあるので、正しい文章体を書くには、たくさんの勉強が必要です。言文が一致していないということは、文字だけを覚えても、それでふだん話している"言"を書くわけにはいかず、"文"の単語や言い回しを覚えなければならないということなのです。

このように、アラブ人が"識字者"になるためにも、文章体を学ぶというハードルがあり、このことも識字率の低さの一因と考えられるのです。

お国言葉とアラブの大義

それならば、ほかの近代国家と同じように会話体を基盤にして文章体を定め、言文一致するわけにいかないのでしょうか。実は、会話体にはアラブ各国でそれぞれのお国言葉があり、どの国の会話体を基盤にするかという問題が解決できないのです。

先ほどと同じ「コーヒーが飲みたい」の会話体は、シリアとモロッコでは次のように言います。

シリア会話体:
　　「ベッディ・シュラブ・アホウェ」
モロッコ会話体:
　　「ブギト・ヌシュロブ・コホワ」

「〜したい」は、エジプトは「アーイズ」、シリアが「ベッディ」、モロッコが「ブギト」と、各国で異なっています。また「飲む」の語頭には「私が」を表す部分がついているのですが、これがエジプトは「ア〜」、シリアは何もつけず、モロッコでは「ヌ〜」です。「コーヒー」の発音も少しずつ異なっています。

アラブ諸国は20ヵ国以上あり、言葉がそれぞれに異なっているので、言文一致するにはこれらのうちから基盤とする会話体を選ばなくてはなりません。しかしどれかを選べば、選ばれなかった国の人々は、不公平を感じるでしょう。

では、各国でそれぞれ標準語を決めることはできないのでしょうか。19世紀、

オスマントルコの支配体制が崩れたころ、各国で実力者が台頭し、さらに植民地政策とも相まって、エジプトや北アフリカ諸国ではお国言葉を標準語にする動きもありました。しかし、これは、"アラブ民族は1つ"という大義に反し、アラブを分裂させるとして非難を受け、挫折しています。

また「標準語」は国民に君臨し、自主的に学んでもらわなければならないので、「権威」が備わる必要があります。古典語はイスラム教の聖典コーランと同じ言葉と信じられ、中世の著作もこれで書かれたため、権威が備わっていました。こうして古典語を基盤として標準語が整備され、現代の文章体となったのです。この文章体には「権威」があるので、学校で"正しい"アラビア語として教わり、身につけるほど評価され、逆に会話体で書くとバツを付けられ、会話体は"正しくない"、"低い"ものと思うようになったのです。

この雰囲気に対して、近年、自国の会話体を見直そうという動きがわずかに出てきています。チュニジアでは『星の王子さま』のチュニジア会話体版が出ています。エジプトでは、インターネット百科事典「ウィキペディア」でエジプト会話体版ページが作られ、また会話体で書いた本もすでにいくつも出版されています。私も珍しいと思って、後にテレビドラマ化されたエッセイ『結婚したい』や、哲学をめぐるエッセイ『本の半分』などを買ってきました。

ただ、会話体の復権が本格化するにはまだまだ長い時間がかかります。アラブ

『結婚したい』の表紙。題名もエジプトの会話体で書かれている。

人にとっても"アラビア語"の識字者になるには、自分たちが日頃話している言葉ではなく、相変わらず苦労をして文章体を習得しなければならないのです。

翻って日本語の識字率99％という数字を考えると、これは明治以降の近代化の中で、各地のお国言葉を、方言札のような罰を与えて撲滅させ、全国どこでも同じ日本語を話すようにした政策の究極の結果と見ることができます。わずかに残る地方語は、内輪で話すときに限られ、公式な場所で地方語を使えば、"方言丸出し"として「恥ずかしい」「みっともない」という気持ちが沸き起こるようになりました。ここでお話ししたアラビア語の状況は、実はアラビア語特有のものではなく、日本語や他の多くの言語に共通の歴史の一場面なのです。（ながと・よういち）

〈帝国〉という幻想

野村恵造

英語
[主な使用地域]（母語として）イギリス、アメリカ、カナダ、オーストラリア、ニュージーランドなど；(第二言語として) インド、シンガポール、フィリピン、ナイジェリアなど多数
[母語とする話者数] 約3億4000万人
[文字] ラテン文字

　イギリスはいろいろなものを生み出すのに、結局、他の国にお株を奪われてしまう。サッカーしかり、鉄道しかり。英国発祥の言語である英語も同じ運命をたどっている。

　5世紀にブリテン島で誕生した英語は、国内の既存言語をほぼ駆逐したあと、17世紀には大西洋を渡ってアメリカに進出し、さらに、世界の4分の1を支配した大英帝国の諸地域に広まった。

　第一次大戦を機に国際政治の主役となった米国は、自分たちの言葉にも自信を持ち始め、「辺境の野蛮な方言」に過ぎなかったアメリカ英語が「本家」のイギリス英語と張り合うようになった。

　第二次大戦後の英語の普及は、米国の圧倒的な存在感に負うところが大きい。ハリウッド映画やロック・ミュージックに代表されるポップカルチャー、世界中に張り巡らされた放送網、コンピューター産業での覇権もアメリカ英語の海外展開に寄与した。大量に受け入れてきた移民が触媒となってそれぞれの故国に英語が伝わったことや、ケネディ大統領が創設した平和部隊で開発途上国に派遣されたボランティアが支援の一環として英語教育を施したことも、アメリカ英語の勢力拡大に貢献した。

　イギリス英語が依然として世界の多くの地域で手本とされる標準変種であることは確かだが、「分家」であるはずのアメリカ英語の勢いを前に旗色が悪い。アメリカ英語は、学校では英式の英語を教わっているヨーロッパの若者たちにも、イギリス英語の牙城だったナイジェリアのような旧植民地にも浸透してきている。先生たちは「正統派の英語」を尊ぶが、ポップカルチャーに親しむ若者にとってはアメリカ英語の方がクールだ。

　自分たちが劣勢にあることはイギリス人も自覚しているようで、彼らに語法の正誤判断を求めても、「自分は間違いだと思うけど、アメリカでは言うかもしれないね」というような弱気な答えが返ってくる。それに対して、米国はすでに英語の盟主を自任しているかのようだ。イギリスの辞書は他国の英語にも目配りが利いており、自分たちの言葉も相対化して、英国用法には「英」の地域ラベルを付す謙虚さがあるのに、アメリカの辞書は米国限定の用法である旨を明示しないことが多い。自分たちの英語がデフォルトだと言わんばかりだ。

＊　＊　＊

　「英米語戦争」に勝利を収めつつあるアメリカ英語だが、実は、その勝者でさえ安泰とは言えない。メキシコなどから移り住むヒスパニック（スペイン語話者）

が急増し、英語の話せないアメリカ人が増殖しているが、そんな内憂だけではない。

　イギリスとアメリカが主導権を争っている間に、現実の世界は両者の思惑を超えて変化している。英語を母語としない話者の数が母語話者を凌駕し、「英語は英米人のもの」という考え方自体が、もはや時代錯誤とさえ言える時代になってきたのだ。

　これまでも地域世界の共通語（lingua franca）の役を担った言語はいくつもあったが、人類史上初めて地球規模の共通語が求められる時代に登場した英語は、「世界共通語選手権」の究極の勝利者となったかに見える。19世紀まで国際公用語と目されていたフランス語も、東欧圏に版図を広げ、好敵手になりかけていたロシア語も後退してしまった。母語話者数で勝る中国語は、通用範囲の点で英語には遠く及ばない。観光や商談、国際会議などでの直接のやりとりはもちろん、ネットを通したデジタルコミュニケーションの革命的発達によって、文字言語の世界でも英語のリテラシーが決定的な意味を持つようになった。ただし、ここで言う「英語」は、英米の民族語ではなくて、いわば「地球市民」の交流のツールという位置づけだ。

　このような現状を前に、英語のあり方をめぐる論争が熱を帯びている。ある者はアメリカ英語一辺倒ではなくカウンターバランスとしてイギリス英語を対峙させ、またある者はイギリス英語とアメリカ英語の中間的な、いわば「ハイブリッド英語」としての「間大西洋英語（Mid-Atlantic English）」を模索する。伝統的な標準変種である英米語以外の「母語話者の英語（English as a native language、ENL）」も手本としてよいとする者もいる（リスニング問題のナレーターにカナダ人やオーストラリア人を加える検定試験も現れている）。これらは、いずれも母語話者の特権的地位を前提にした見方だ。

　それに対して、英語はもはや「地球市民」の交流のツールなのだから、いい加減「ネイティブ信奉」を卒業すべきだ、という立場もある。実際、国連世界観光機関の調査によると、世界中の人々が海外旅行で話す会話の4分の3は、非英語圏の人たちが英語で交わすやり取りだという。

　この陣営には、母語話者に規範を求めず、アジアやアフリカも含めた世界の諸地域の英語を認知しようとする者がいる。彼らは複数形の Englishes を好んで用いるが、「多様な英語の存在を現実として受け入れよう」という精神論にとどまらず、「どの変種も等価値であり、アイデンティティの表明手段として積極的に唱道すべきだ」と主張する向きが多い。

　しかし、多様性の尊重も行き過ぎると、いくつかの言語に分裂したラテン語の轍を踏むことになりかねない。そうなると、もはや「地球市民」のツールではなくなってしまう。実際、互いに相手の話す英語が理解できなくて、コミュニケーションが頓挫している場面に遭遇することは稀ではない。

　独自性の強調は国内的な問題もはらんでいる。イギリスの旧植民地諸国では、地元英語の地位が高まるにつれて、伝統

的に正しいとされてきた英式と現地式が対立するようになったが、それに加えて、上で述べたように米式が新たに参戦することになり、結果的に、自国の英語、伝統的なイギリス英語、新参のアメリカ英語の3つの標準が鼎立することになる。例えば、カメルーン英語では、「居間」（英 sitting room、米 living room）は parlour であり、「（用紙に）記入する」（英 fill in、米 fill out）は単に fill でよい、といった具合だ。複数の標準が並び立つことによる混乱は、特に教育の場でしばしば深刻な事態を招いている。

「ネイティブ信奉」からの脱却を唱える陣営には、逆に「国際語としての英語（English as an international language、EIL）」、あるいは「共通語としての英語（English as a lingua franca、ELF）」を志向する者も含まれる。「国際共通語としての英語」と言っても、そういう名称の変種が存在するわけではない。それが自然に形成されるのを待っていないで、世界中の英語話者が使うことが許される「発音、単語、文法、語用論（言葉を用いた振る舞い）」を策定しようという動きもある。だが、1930年の Basic English から最近の Globish まで、「簡易版の英語」を作ろうとする企てはいくつもあったが、どれも普及しなかった。

このように、英語のあり方に関する議論は混沌としており、どのあたりに落ち着くのか見通せないが、いずれにしても、「どうしようもないぐらい多様な英語が存在し、実際に意思疎通がうまくいかないこともあるが、それでもとりあえず英語に頼らざるをえない」という認識から始めるよりほかない。

私たちが「地球市民」のツールとして英語を使う際には、それなりの作法が求められる。まずは、英米の文化に根差した、いかにも「英語らしい」言葉は使わないことだ。英国紳士御用達の慣用句やアメリカのカウボーイのスラングを非母語話者どうしが使うことは虚しい。It's raining dogs and cats.（土砂降りだ）という洒落た表現を覚えたからといって得意げに使ってはいけない。It is raining very hard. で十分だ。「猫も杓子もブランド品を持ちたがる」も、Every Tom, Dick and Harry wants to own designer goods. という慣用表現ではなくて、Everybody wants … ぐらいにしておくのが賢明だ。

もっと重要なのは、母語話者も含めて、お互いに自分とは違う英語に対して寛容になることだ。発音や文法はもちろんだが、英米の語用論的基準からすると、もどかしいほど控え目だったり、逆にストレート過ぎたりする物言いであっても、各自の母語の影響かもしれないと相手を慮る余裕が欲しい。

もうここまで来ると、英語の地位が近い将来、他の言語に取って代わられることはちょっと考えられない。だが思わぬ伏兵がいる。それは翻訳機だ。真に実用に足る小型の自動翻訳機が出来たら、わざわざ英語を学ばなくてよくなるが、その日は意外に近いとも言われている。もっとも、それが出来たとしても、機械越しの I love you. で気持ちが伝わるかどうかは分からないが。（のむら・けいぞう）

聞く、話す、そしてその先へ

五十嵐孔一

朝鮮語
[主な使用地域] 大韓民国、朝鮮民主主義人民共和国、中国、ロシア、中央アジアなど
[母語とする話者数] 約7500万人
[文字] ハングル

みなさんは私の星です

　4年ほどかかった辞書の翻訳がようやく終わり、どれ一息つこうかと思ったとたん、韓国語の音声が無性に恋しくなった。語学の誘惑と言えば聞こえは良いが、要するにリスニング力が落ちたのではないかという不安と焦りにじっとしていられなくなったのである。インターネットを利用すれば海外のテレビやラジオに容易にアクセスできる時代である。さっそく韓国のラジオ放送を聞いてみた。2010年5月、今から6年前のことである。このとき、リスニングの目標総時間もおおざっぱに1000時間と決めた。1日1時間ずつ聞けば、3年弱で達成できる計算である。また、どうせ聞くのだからと、ノートを準備して記録を取ることにした。キャンパスノートに月日、時間帯、その日の時間数や累積時間数、初めて聞いて知った単語や表現などを記した。気づいたことや感想をメモすることもあった。気に入った歌があれば歌詞を書き写したり、YouTubeで何度も聴いたりした。

　そうこうしているうち、好きなDJができた。MBCラジオで夜10時から12時に放送する『별이 빛나는 밤에』（星が輝く夜に）の박경림、女性のコメディアンである。当時は1週間休みなし、文字通り、毎日放送していた。リスナーを大切にする思いやりにあふれ、どんなときもポジティブに考えるパク・キョンニム女史のハスキーな声を聞くと心が休まった。そして、血気盛んな若いアイドルを上手におだてて良いところを引き出す一方で、高く伸びた彼らの鼻をきれいに形よく削り取っていく話術に、大学での学生との接し方についてたくさんのヒントを得たものである。

　ところで、番組の最後に「여러분은 나의 별입니다. 여러분, 사랑해요.」（みなさんは私の星です。みなさん、愛していますよ。）と言ってくれるのだが、これが聞きたくて毎日ラジオをつけていたようなものである。ソウルから遠く離れた東京で一人ラジオを聞く私などにも「星」と言ってくれるのだから、どれだけ励みになったか分からない。それに、語学的な発見もあった。나의（私の）は第一人称代名詞나（私）の属格で、通常は내（私の）を用いると習うのだが、毎日「나의 별입니다.」（私の星です。）と聞いていると、나의の方がそれを所有する主体の나をはっきり表そうとしていることが伝わってくるのである。「여러분은 내 별입니다.」（みなさんは私の星です。）では何となく味気ない。

　インターネットでパク・キョンニム女史の画像を検索すると、四角いお顔の女史がにっこりと笑っている。毎日、女史のラジオを聞いていると、次第にその顔がこの世で一番の美女に見えてくるもの

である。それで、韓国に行ったとき、ソウルの繁華街、明洞（명동）でタレント・グッズの店に入り、パク・キョンニムのグッズが無いか、想いの人の所在を確かめる気持ちで聞いてみたら、驚いて首を横に振る店のおばさんに「今までいろんなお客さんが来たけど、パク・キョンニムを探す人は初めて見たよ」と言われ、がっかりしたことがある。

言葉は私

それはともかく、リスニングを続けていてプラスになったことは多い。当初感じていたリスニング不足の不安や焦りは次第に無くなっていったし、聞き取れない単語や分からない単語の扱いにも慣れてきた。そして、何よりリスニングが楽しくなった。そうなると学生にも勧めたくなる。さっそく夏休みの課題に50時間のリスニングを課してみた。その効果は予想以上であった。リスニング力のみならず、韓国・朝鮮の文化や社会に関する知識、関心度などが全体的に向上したのである。中には感想を朝鮮語で毎日数行にわたって書く学生もいて、その熱意には舌を巻くほどであった。

そんな学生たちを間近に見ていると「言葉は私」ということを考えるようになる。単語を習い、その意味を考え、よく理解し、そして身に付けていくことが彼らの成長そのものに映るのである。それは母語と外国語のいずれにも言える。外国語教育の場においては、その国とその言語のリアルな姿に直に触れる経験から数多くのことを学ぶ。彼らは韓国・朝鮮について自らが経験したことに基づいて、自らの「言葉」で今後も長く語っていくことだろう。ところで、現代はあいにくその国のリアルな姿を知らない人たちが他人の言葉を使い回してやたらとしゃべりたてる時代のようである。自らの言葉を持たない人たちの意見はその人とともにいずれ消えていくことだろう。だから、言葉は私、なのである。

さて、リスニング力がついてきたら、次に鍛えたいのは発話力である。とはいえ、相手がいてこその技能、1クラス40人の学生を対象に一体どうやって発話の練習ができるだろうか。語学の教員として自分の非力を嘆かざるを得ないが、ともかく何か始めなくてはならない。はじめにモデル会話を覚えてもらい、ペアワーク、グループワークで発話の相手といっしょに練習することにした。例えば、AさんとBさんがペアワークするとき、Aさんは教科書を見て会話文の朝鮮語を日本語に訳し、Bさんは教科書を見ずにAさんの日本語訳を聞いて朝鮮語に訳す、というように2人が同時に練習できるようにした。

会話文が十分理解できたなら、次の練習である。まず黒板に会話文の日本語訳だけを書いておく。学生には教室内で任意の相手を探してもらい、相手といっしょにその日本語訳を朝鮮語に訳しながら会話する。時間を決めて5人の相手と練習させると、相手が変わるたびに朝鮮語も滑らかになり、教室に活気があふれてきて非常に楽しい。他にも合コンのように固定席と移動席を決め、数分ごとに相手を変えて練習することもあった。それらの目的は他でもない、教室の外に出

たとき、母語話者と物怖じせずに対話する意欲を養うことである。

そして学期の後半に、母語話者と実際に朝鮮語で話してみる、という課題を出した。2回行うことにし、その感想をレポートに書いてもらった。相手の母語話者は学内の留学生やバイト先の知り合い、英語圏留学時に知り合った韓国人の友人、中学高校のときの同級生などさまざまで、直接会って話したり、電話で話したりしたようである。お母さんが韓国人で、今まで日本語が中心だったのだが、この機会に全部韓国語で話してみたという学生もいた。また中には母語話者の友人や知人がおらず、近所の焼肉屋に行って韓国人の店員に韓国語で注文してみたという学生もいた。自分の「言葉」で書いた感想のレポートを読んでいると、笑ったり驚いたり感動したりと、まるで学生一人一人と対話しているようであった。

分析と総合

外国語の文章を翻訳して精読することは未知の知識に挑む、わくわくする知的活動である。解釈が困難な単語に遭遇すれば、私たちはあらゆる手を使ってその意味を分析する。また、ある単語を習ったら、どんな場面で使えるのかを私たちは考える。いろいろなことがらと結び付けて総合し、その応用の範囲を広げていく。

今まで上にあげた外国語教育、朝鮮語学、リスニング、発話、ペアワーク、グループワークなどを分析すると、つまりキーワードを求めると、それらを一貫する「朝鮮語」の1つにしぼられる。では総合するとどうなるであろうか。さまざまな発見があると思うが、私は次のように授業で実践してみた。

学生に専攻語の朝鮮語以外にどんな言語を学んでいるか尋ねてみたところ、大部分が英語と中国語で、他に手話を学んでいる学生も少なからずいることが分かった。そこで、英語と朝鮮語、中国語と朝鮮語、そして手話と朝鮮語でそれぞれ会話するグループに分け、それらの言語だけを用いて自由に会話してもらった。朝鮮語、英語、中国語、手話が同じ言語として対等であるところから実施できた会話練習であった。

手話と朝鮮語のグループには6人ほど学生が集まった。彼らの話によると、本学の手話の講義はかなり人気があるらしい。彼らは何かを伝えようと熱心に手話で話し、相手はそれを一言も逃すまいと真剣に読み取り、そしてちゃんと理解したことを朝鮮語で伝えていた。その姿に語学を学ぶ真意を知る思いがしたものである。

さて、6年前に始めたリスニングはその間、教科書の執筆や文法書の翻訳などで中断を繰り返し、最近ようやく840時間を超えたところである。記録ノートを作っておくと中断からすぐ復帰できる利点がある。そんなノートも8冊目、1000時間の目標達成まであと5カ月少しである。達成したら学生にもリスニング1000時間を勧めよう。在学中に達成できたら、お祝いに好きな文庫本をプレゼントするのだ。さあ、エッセイも終わった。ラジオを聞こう。(いからし・こういち)

多様性がもたらす豊かさ

秋廣尚恵

フランス語
[主な使用地域] フランスやカナダ、西アフリカ諸国はじめ29カ国
[母語とする話者数] 約7600万人
[文字] ラテン文字

フランス語の危機？

「フランス語圏国際機構」の2014年版の統計によれば、第一言語、第二言語、あるいは優先的に用いられる日常言語としてフランス語を使用している話者の総数は、およそ2億2100万人。世界では11番目に多くの話者に話されている言語だ。

フランス語が公用語として使用される地域はヨーロッパ、アフリカ大陸、アメリカ大陸、オセアニア、インド洋に広がる。国際機関では英語に次ぐ重要な媒介語であり、学習者の数でも英語に次いで2番目の言語である。

しかしながら、第一の国際語である英語との格差はかなりのものだ。昨今は、アメリカン・グローバリゼーションの影響もあって、その差はさらに開きつつある。国際語としてのフランス語の地位は現状を見る限り徐々に下がり続けているようである。

こうした現状に対する危機感を持って、フランス語圏国際機構では、アフリカにおけるフランス語圏への教育と文化の普及、フランス語学習者への支援、学術、科学技術、ビジネスにおけるフランス語使用の推進などを通して積極的に国際フランス語の地位の維持と向上を目指すプログラムを推進している。

「フランス語圏のストラテジーを考える会（CRSF）」から2008年に出された「グローバリゼーションにおけるフランス語圏のアイデンティティ」というレポートには興味深い指摘がなされている。フランス語圏のアイデンティティは複合的なものでなくてはならず、様々な地域の現状に見合ったフランス語の多様性を受け入れることがフランス語圏の発展につながるという指摘である。そこには、言語の植民地主義からの脱皮の必要性が明言されている。

フランス語圏といっても、フランス語の使用状況は様々だ。多言語が併用されるアフリカ諸国などの多くの地域において、フランス語は高等教育を担い、またビジネスや学術・科学技術面での媒介語、すなわち高層文化を担う言語として機能してきた。また、こうしたフランス語圏では、異なる言語の接触により言語間の借用現象やそれぞれの地域の中で独自に生まれたフランス語の変異体が観察されることが多い（例えば、ニューブルンズウィックに見られるシアック語や、コートジボワールにおけるヌチ語など）。

これまで、フランス本国の規範的なフランス語のみが正しいとされ、それ以外の変異体は格式の低いもの、あるいは、日常の話し言葉における不正確な使用にすぎないという見方が主流であった。しかし、国際フランス語の危機ともいえる状況にあって、そうした見方は徐々に変

わりつつあるように思われる。

日常的な言葉への関心

この傾向はフランス本国においても見られる。高層文化を担う規範的でフォーマルなリンガ・フランカとしてのフランス語と私的な生活の場で用いられるインフォーマルなフランス語との間の隔たりは大きい。

インフォーマルなフランス語は状況に応じて多くの変異体を持つ。まず、フランス国内にはいろいろな方言が存在しており、そうした方言の影響を受けた地域的フランス語が存在する。また、話者の社会的階層、教育レベル、職業などによっても色々なフランス語の変異体が現れるし、同じ話者であっても、職場で改まって話す場合と家族とくだけた会話をする場合では、全く異なる文体を用いる。それぞれの話者が様々な状況に応じてどのようにフランス語を使用しているかという問題はこれまで社会言語学でもっぱら扱われてきた問題であるが、近年では、フランス語の記述研究の中でも盛んに取り上げられるようになってきた。

1970年代から始まる自然な話し言葉のデータ収集はこれまで様々な研究機関に分かれて行われており、研究機関同士のデータ共有が難しい状況であった。しかし、最近になって、データを共有するためのサイト、ORTOLANG (Open Resources and Tools for LANGuage : www.ortolangue.fr) が整備され、研究者が個別に所有するコーパスを自らアップロードし、他の研究者と共有できる仕組みが整いつつある。今後の研究の発展に役立つことが大いに期待される。

話し言葉のデータの使用により、ネイティブの直感に頼る言語研究からデータによる実証的な言語研究へと研究は大きくシフトしている。ネイティブの直感は、往々にしてその人のみがもつ主観的な価値判断に基づいてしまっていることが多い。なぜなら、その人の持つ「規範意識（正しい表現は何かを分別する直感）」というものは、誰にとっても同じものではなく、その人の個人的な経験や表現力、そして発話の文脈によって、大きく左右されてしまうものだからだ。

話し言葉データに基づく研究は、規範意識によってはとらえきれない様々な現状を客観的に見せてくれる。例えば、前置詞のchez（……のところで）は、規範的には、「人」名詞句を従えるものであり（例：chez Marie マリーのところで）、「機関名」が来ることは、固有名詞（例：chez Toyota トヨタ自動車で）でない限り間違いであるとされる。ところが、Borilloの最近の研究（2016年7月国際フランス語会議での発表）によると、実際のコーパスの中では、このchezの従える名詞句は、「人」だけではなく、「人」に類する様々な機関や施設の固有名詞にも適用される傾向が見られるという（例：chez la sécurité sociale 社会保険事務所で）。

最近では、非規範的なフランス語を、「フランセ・ヴェルナキュレール（狭いコミュニティ内――家族、友人、仲間うち――で用いられる日常的でくだけたフランス語）」と呼び、その研究を積極的に行うプロジェクトが現れている（パリ第三大学のプロジェクトFRACOVなど）。

規範重視のフランス語学の伝統の中では、「フランセ・ヴェルナキュレール」は研究に値しないものとして考えられていたが、そうした状況に今、大きな変化が起こりつつある。こうした研究の流れはやがて教育や社会にも影響を与えていくようになるだろう。

ラップも研究対象に

規範的フランス語は依然、学校教育をはじめ、高層の文化を表現し、媒介するために重要な役割を果たしている。その役割の重要性を否定することはできない。むしろ、教育の場で、規範的フランス語を教えることは、その学生の将来（就職、進学など）にとって極めて重要である。日本人が想像する以上に、フランスは、言葉の点でも、大変な階級社会であり、いかに美しく力のある言葉を操れるかがその人間の教養の程度を示す尺度となる社会だ。洗練された言葉を身につけることは、フランス社会の中でよりよく生きていくための必須の武器になる。行き過ぎた階層社会を是正していくためにも、その機会はすべての学生に平等に与えられるべきである。

その一方で、フランス語話者が普段、日常生活の場で自然に用いている多様なフランス語にもっと光をあてていくべきだ。こうしたフランス語が表現する日常的な文化もフランスの文化の大切な部分をなしているからである。

そうした文化の1つにラップ音楽がある。フランスではラップは都市郊外の若者たちのカウンターカルチャーの代表である。2016年7月の国際フランス語学会でラップ音楽の語彙についての公開講演があった。この学会はフランス語学でも権威のある会であり、そうした場でこうした講演が公開されるのはおそらく異例の試みだっただろう。通称 Doc Dico と呼ばれる Pruvost 氏が語るラップで用いられる語彙の語源や成り立ちの話は奥が深く興味深いものであった。氏は、若者向けのラジオ Mouv でもラップの語彙を紹介する番組を担当している（http://www.mouv.fr/emissions/doc-dico）。番組は若者にも大変好評らしい。

フランス語は様々な変異体を持つ複合的な総体である。日常的な話し言葉から洗練された書き言葉に至るまで、実に幅広いレパートリーを持つ。このレパートリーの豊かさこそがフランス語の強みである。一つひとつのレパートリーを守ることがフランス語を豊かにすることにつながるのだと思う。

それは我々外国人学習者にとっても同じことだ。国際的な舞台で活躍したいのならば、規範的なフランス語を身につけ、洗練されたフランス語を操れるようになることはとても大切だ。

しかし、それだけでは不十分だ。多様なフランス語とそれによって伝えられるバラエティに富む文化を深く理解するためには、多くのリソースを通して日常的なフランス語にも積極的に触れるべきだと思う。自分の中にあるフランス語のレパートリーを豊かにしていくこと、そしてその使い分けの現状を知ることがフランス語力の向上にとっても、フランス文化の理解にとっても非常に大切であると思う。（あきひろ・ひさえ）

英語格差を生きる

野元裕樹

マレーシア語（マレー語）
［主な使用地域］マレーシア、シンガポール、ブルネイなど
［母語とする話者数］約2000万人
［文字］ラテン文字、ジャウィ文字

「英語格差（English Divide）」ということばを聞いたことがあるだろうか？ 英語は、国際共通語として、母語を異にする様々な背景の人々をつないでいる。その一方で、英語による恩恵を享受できる者とできない者の間には色々な形での不平等が生じており、英語は人々を分断する要因にもなっている。英語格差とは、そのような不平等の総称である。本稿では国内レベルでの格差にのみ注目する。

英語力が就職や昇進の絶対条件となれば、英語力の差に起因する富の差が生じる。適切な英語学習環境が裕福な家庭にしか手が届かないようなものであれば、富の差が英語力の差を生み出す。その結果、「富の差→英語力の差→富の差」という循環が成立し、格差は世代を超えて再生産される。

日本には、英語格差は存在するのだろうか？ 現象自体は10年以上前から議論されている。しかし、英語格差という用語が一般の読者を対象として登場し出したのはここ数年のことのようだ。社内公用語を英語にする企業が出始めたのと同時期だ。寺沢拓敬氏は、各種統計データを駆使した実証的研究を行っている。それによれば、「富の差→英語力の差」の関係は日本社会に何十年にもわたり存在するものの、「英語力の差→富の差」の方はごく限定的なものだという。

マレーシアには、どちらの格差も存在すると言っていいだろう。これは私がマレーシアと関わる中で築いた印象論にすぎないが、それなりの根拠はある。

まず、よくある誤解を解いておきたい。英語はマレーシアの公用語ではない。マレーシアの国語・公用語はマレー語のみである。マレーシアには、マレー系などの先住民族（ブミプトラ）以外に、中華系（約2割）とインド系（約1割）の国民もいる。彼らには、日常的に用いる自民族の母語がある。しかし、それらは国の公用語ではない。ただし、両民族の言語のうち、華語（北京語）とタミル語は、英語と違い、それを教授言語とする小学校がある。これは法律で保証されてのことである。

何の法的基盤も持たない英語だが、マレーシア社会での存在感は絶大だ。クアラルンプールなどの大都市やマラッカなどの観光地は、まるで英語がマレーシアの第一公用語であるかのような印象を与える。至る所に英語の表示がある。英語を流暢に話す現地人も多くいる。近代的な商業施設では、英語がデフォルトの言語で、英語を話さなければいけないような気分にさせられる。スーパーで商品を手に取ってみると、パッケージの記載が英語（と華語）だけのものが相当数ある。大型書店の売り場の7割程度は英語の書籍だ。

そこから「マレーシア人はみな英語ができる」と結論付けるべきではない。半数以上のマレーシア人は日本の基準からすると「できない」部類に入るのではないかと思う。確かに、英語を母語としていたり、母語に近いレベルで操る人が一定数存在する。私が出会ってきたマレーシア人の多くは、そこまではいかないものの、英語をよどみなく話す。ただ、よく聞いてみると、フレーズを丸暗記して並べているだけで、文法がめちゃくちゃなことが多い。動詞の過去形が未来の事態を表したり、不定詞の to の後に登場したりといった驚きの間違いもある。そうする理由は、本人にも分からないようだ。あるマレーシア人日本語教師によれば、英語は日本語を習うようには習っていないので、正しくても間違っていても、その理由が説明できないのだそうだ。ある英語教師はできない生徒には「基本的な文法が存在しない」と流暢な英語でコメントする。教科書には重要な文法項目がきちんと載っているので、文法を教えていないわけではないようだ。恐らく、文法をきちんと理解して、教えられる英語教師が少ないということなのだろう。だとすれば、英語環境の家庭出身の子供とそうでない子供の間の英語力の差を拡大させることになろう。なぜなら、文法なしでは、どんなに流暢であっても、決して教養ある英語にはならないからだ。英語環境の家庭は一般に高学歴・高所得であることを鑑みると、ここには「富の差→英語力の差」という構図が潜んでいる。

マレーシアでは、英語の恩恵は、日本とは比べ物にならないほど大きい。得られる情報量が決定的に異なり、日常生活にまで関わる。まず、上述のように、商品の説明が英語だけのことがある。企業のウェブサイトにも英語しかないものがかなりある。これには、半島マレーシアの電力を供給する TNB 社、大手銀行の Maybank や CIMB 銀行といった公的性格の強い企業も含まれる（Maybank は 2016年1月にオンラインバンキング専用ページにマレー語を導入）。また、英語力は就職に直結するようだ。各種報道では、英語力の不足が大卒者の失業率の高さの原因として常に上位に挙がる。マレーシアでは、中流～上流階級の家庭で外国人メイドを雇う習慣がある。そのメイドの給料にも英語力の差が反映する。英語ができるフィリピン人の月給は、英語ができないインドネシア人の約2倍だという。まさに「英語力の差→富の差」である。

このような状況の背景には、教育を含む公的部門と民間主導のビジネスでの主要言語の違いがある。前者ではマレー語、後者では英語が主要言語となっている。どちらも英語にすれば、就職難などの問題が解決され、国際的競争力が高まるとして、教育の英語化を求める声がしばしば上がる。興味深いのは、教育英語化はすでに実施されていて、失敗しているという点である。2003年に小学校と中高等学校の1年生から段階的に理数科目が英語化された。科学技術の国際共通語である英語を早期に導入することで、この分野での国際競争力を向上させるのが狙いであった。しかし、大都市以外で

は、教員の英語力不足、授業についていけない生徒の発生や成績悪化などの問題が生じ、大規模な反対運動が起こった。その結果、この制度は2011年に完全に廃止された。それにも拘わらず、教育英語化を訴える声は絶えることがない。

このように、マレーシアは明らかに英語格差社会である。それは旧英米植民地の国では珍しくない。ただ、格差の程度はインドやフィリピンに比べれば小さい。それは、独立以来、政府がマレー語の普及に本腰で取り組んできたためだろう。マレー語は、英国植民地時代には、マレー人の初等教育や異民族間の意思疎通には用いられていたものの、もっぱらマレー人の日常言語という位置付けであった。しかし、学校教育や専門用語の整備などを通じ、今ではマレーシア全土で用いられる、一人前の国語・公用語となった。マレー語は小学校から大学院まで、公教育全般で用いられている。これは初等教育から英語に依存するフィリピンとは対照的である。かつてはマレー語ができないことで悪名高かった華人だが、今では若い世代の大半が支障なくマレー語を操る。

公的部門は、マレー語が主要言語であり、英語力の差の影響を受けない。むしろ、「マレー語力の差→富の差」が予測される。しかし、教育修了試験の結果を見ると、必ずしもマレー語が母語であるマレー人がマレー語科目で高得点を取っているわけではない。とはいうものの、公務員にマレー人が多いのも事実だ。これはマレー語力以外の要因によるものだろう。

公的部門での雇用機会の存在は「英語力の差→富の差」の拡大を抑え、英語格差の再生産を防ぐ役割を持つ。同じ原理が民間部門にも適用できれば、大卒者の就職難の問題は緩和されるはずである。つまり、これまで英語で行っていた業務のうちその必然性のないものをマレー語に転換する。国家の言語政策としては、教育分野や公共サービス分野で成功したマレー語の普及を民間の産業部門で実現するような政策を実施することになる。良識あるビジネスリーダーを官が後押しするような官民協力体制がベストだろう。上述のMaybankの事例に見られるように、国内ではすでに市場原理によりマレー語化が進みつつある。マレー語を母語とするブミプトラは、独立時には全人口の5割程度で、そのほとんどが貧困層だった。しかし、現在では7割程度まで増え、厚い中間層を形成している。この層にアピールするには、英語よりマレー語の方が適しており、市場からもマレー語を望む声が上がってくるはずだ。

このような現状の中で、日本人、とりわけマレーシアと関わる日本企業や官公庁には意識改革が望まれる。「マレーシアは英語でOK」という考えを捨て、インドネシアやタイと同等の言語的投資をするのがよい。大都市やエリートだけでなく、国全体のことを視野に入れたとき、選択肢はマレー語しかない。そのような姿勢でいれば、現地の英語格差拡大を助長するというマイナスの社会貢献を意図せずしてしまうことはない。（のもと・ひろき）

ベトナムの「存在」論

野平宗弘

ベトナム語
[主な使用地域] ベトナムおよびアメリカやフランスなどのベトナム人コミュニティ
[母語とする話者数] 7000万人以上
[文字] チュークォックグー chữ Quốc ngữ
（ローマ字に、ベトナム語の6声調や10以上ある母音を区別するための記号を付けた文字）

漢字文化圏の中のベトナム語

　ベトナムは日本と同じく漢字文化圏、大乗仏教文化圏に属し、ベトナム語の語彙の6割以上は漢語起源だと言われる。現在では、ローマ字を元にしたクォックグーという文字がベトナム語の記述には用いられているが、例えば、手段、方法を意味する phương tiện という語は、漢語の「方便」に対応しており、このような漢語由来のベトナム語は漢越語（「越」は、「ベトナム」の漢字表記「越南」の「越」）と呼ばれている。明治以降に日本で作られた和製漢語もベトナムには入っており、有名なところでは、現在の国名「ベトナム社会主義共和国」のうち「社会主義 xã hội chủ nghĩa」、「共和 cộng hoà」がこれに該当する。「社会主義」も「共和」も、socialism, republic という西洋出自の概念であり、実のところ漢語の皮をかぶった西洋語なのである。

　ベトナム戦争さなかの1960年代、仏教系知識人の中には、東洋にもたらされたこのような西洋出自の概念を根底で支えている西洋哲学そのものを問題視し、ベトナム戦争の惨禍の窮極的原因は西洋哲学にあり、詰まるところ西洋的思惟によって、南北両ベトナムは蝕まれているのだと考えた者たちがいた。彼らは、近代の科学技術を成就させた西洋哲学を「存在忘却」であると批判して元初の「存在」思想に回帰しようとしたハイデガーに触発され、同時にハイデガー思想にベトナムの伝統的宗教の1つである禅の思想との近似性を見出し、洋の東西の根源的な対話を求めた。そのようなベトナムの知識人の西洋哲学批判と、ハイデガー思想との対話のために翻訳された Sein（ドイツ語で「存在」を意味する語）のベトナム語訳について以下に紹介していきたい。

ベトナム戦争と西洋哲学

　西洋哲学を戦争の禍悪の根源だと考えた当時の南ベトナムの仏教系知識人ファム・コン・ティエン（1971-2011。以下、ティエンと略）は、アメリカの横暴を批判しベトナム人を擁護する欧米人の善意ある言葉すらも、ベトナム戦争を引き起こした考えと、所詮、根は同じだとして批判した。それは、チョムスキーの言葉に端的に表れているとして、『アメリカン・パワーと新官僚』の中の「What is important is not the words but the substance: the return of Vietnam to the Vietnamese.（重要なことは、言葉ではなく、実質、中身である。つまり、ベトナム人にベトナムを返すことである。）」という一節を挙げる。確かに感動的な一文だが、とティエンは言う、そもそもこ

の文は矛盾していないだろうか、ここにある substance こそまさに word そのものではないか、と。続けて、彼はハイデガーの『形而上学入門』を参照しながら、その substance という語の元は古代ギリシア語の ousia（ハイデガーは「存続的現存性」と解釈する）なのだが、それが根本的に変形、歪曲されてラテン語の substantia つまり「実質」、「実体」という意味になり、科学技術を発展させ、その結果、「その言葉が、西洋文化全体を動員し、ベトナムにおける残酷な戦争の成就をもたらしたのである」（「政治的批評の失敗」、強調引用者）と述べる。

ハイデガーを援用したこの substance 批判には、言語を通じて世界の事物事象を個々に存在する実体として主体の前に立たせて固定化するような、西洋的あるいは近代的な世界観とは根本的に異なる世界観、すなわち、一切の存在者は「無自性」つまり無本質で、「空」つまり個々別々の実体はないとする大乗仏教の世界観も透けて見えるが、彼は、そのような仏教的世界観とハイデガー思想とに近似的なものを見出し、ハイデガー思想を翻訳・紹介して、東西対話の可能性を模索していたのである。

Sein（存在）のベトナム語訳

このとき興味深いのは、ハイデガー思想の主要語 Sein のベトナム語訳である。日本語では、通常、「存在」あるいは「有」と訳されている語である。ちなみに、「存在」という言葉は今の日本語ではごく当たり前に用いられているが、この語もそもそも近代語であるのだし、例えば、今では「存在論」と訳すのが普通である ontology の訳語について見てみると、19世紀末から20世紀初頭にかけては、「理体学」、「実体学」、「本体学」、「実有学」などと訳されており、「存在論」という訳語が一般化するのは昭和10年代以降であった、ということも指摘しておきたい（平凡社『世界百科事典』「存在論」の項を参照）。

ベトナム人のティエンの場合には、ハイデガーの Sein の訳語として、Tính という語を提示する。これは漢字で「性」と表記できる漢越語である。日本の訳語と同様に、tồn tại（存在）、hữu（有）、あるいは hữu thể（有体）などという漢越語でも Sein は訳すことができるが、彼は洋の東西の根源的な対話のためには、そのような訳ではだめなのだと言う。彼が考えた訳出のための方途は、ハイデガーと同様、忘却された「存在」の根へと辿っていくことであった。ドイツ語 sein 動詞（英語の be 動詞に相当）の bin（英語で I am と言うときの am に相当する語）や、ギリシア語の physis（ハイデガーは「発現」等と解釈する）などと同語源であり、かつ印欧祖語の語根の *bhū- から派生した語だという語源学的根拠に基づき、同じく印欧語族のサンスクリット語で *bhū- から派生した語に bhāva と bhava があることを彼は指摘する。次に中村元の英訳された論文を参考にしているのだが、そこには次のことが指摘してある。すなわち、bhāva が「有ること」（being, Sein）を指し、bhava は人間存在（existence）を意味し両者は区別されるのだが、中国人はいずれをも「有」と

訳してしまった。だが、「有」は「所有」の意味もあり、人間中心的であり、人間から切り離された「有ること」一般が考えられていない、という指摘である。これに基づき、ティエンは Sein に対応するサンスクリット語を「存在一般」を示す bhāva と捉える。そして、サンスクリット語がベトナムに入ってくるのは、漢訳仏教を通じてなので、bhāva がどのように漢訳されているかを見てみると「有」という語もあるが、先ほどの人間中心的だという中村元の指摘もあって排除され、「有体」も「存在一般」ではなく「存在するもの」の意味だと彼は見なし、そうすると、残るのが、svabhāva(自性)や niḥsvabhāva(無自性)などの漢訳に出てくる「性」だ、ということである。同時に、「性」が選ばれた積極的理由には、彼の宗教哲学観に基づく意味論的根拠もあって、ハイデガーの思想が禅の思想に近いという考えから、禅の「見性」の「性」の意味にも重ねて取っているのである。ティエンはこのように、ハイデガー思想と東洋の対話のための共通の地平を、語源学的根拠と禅思想の意味論的根拠に求めて、「性」という訳語を設定したのである。

「実際」の世界とは?

しかし、このような衒学的議論に対しては、あまりにも現実離れしている、現実的ではない、という批判もあったようだ。だが、それに対してティエンは反論してみせる。「現実」、「現実的」という日本語は、ベトナム語では一般的に、thực tế という語で言い表すことができる。漢字で表記すれば、「寔際」となる。「寔」thực は、「実」thật と同じ意味であるから、つまり、thực tế とは「実際」という意味になるのだが、果たして彼の議論を「実際離れしている」と批判する者は、「実際」、「実際的」とは、どういう意味か本当に分かっているのだろうか、とティエンは問うのである。「実際」という語は元を辿れば漢訳仏教語で、サンスクリット語の原語は bhūta-koṭi であるが、その意味が果たして分かっているのか。このサンスクリット語の bhūta は、上で見た bhāva と同じ語根に属する言葉だが、ということは、ハイデガーが西洋人は「存在」を忘却してきたと批判したのと同様に、今日の東洋人もまた、東洋の根源的な「存在」bhūta を忘却してしまっており、むしろまったく「実際」を分かっていないではないか、と言うのである。

以上は、今から50年ほど前のベトナムでの議論だが、「性」という Sein の訳語の是非はともかく、ハイデガーが「すべての形而上学は、それに対立する実証主義も含めて、プラトンの言語を語っている」(「哲学の終末と思索の課題」)とも言っているように、言語が作り上げた西洋哲学という特定の思考体系を基礎とする今日のグローバル化社会にあって、日本の私たちも参考にしていい問いかけなのかもしれない。かつて鈴木大拙は、bhūta-koṭi を reality-limit と英訳したが、(仏教者から見た)この世界の真の「リアル」を、「存在」を、私たち近代人はいまだ知らないままでいるのではないだろうか。(のひら・むねひろ) ▼

語彙は歴史を物語る

丹羽京子

ベンガル語
[主な使用地域] インドの西ベンガル州、バングラデシュ
[母語とする話者数] 約2億7000万人
[文字] ベンガル文字

めずらしくない話かもしれないが、ベンガル語世界では昨今、英語の侵食を嘆く声をしばしば耳にする。ベンガル語では、「コンピューター」や「インターネット」、あるいは「メンバー」など日本語でもカタカナ表記であらわされるような語彙だけでなく、「大学」、「病院」、「お医者さん」等、日本語では漢語が当てられているものでも英単語を用いる場合が少なくない。もっともそれらにはそれぞれベンガル語の語彙が存在することもあり、例えばダッカ大学なら、英語表記では University of Dhaka、ベンガル語では ঢাকা বিশ্ববিদ্যালয়（ダカ・ビッショビッダロエ）と表記されているのだが、なぜかベンガル語で話していても University を用いてしまうことが多い。また、「お医者さん」に関してもそれに相当する চিকিৎসক（チキットショク）を用いるのはかしこまった文章のなかだけで、会話ではやはり doctor になってしまう。似たような例として、ごく簡単な「ありがとう」も挙げられる。もちろんベンガル語にも感謝をあらわす ধন্যবাদ（ドンノバド）という単語はあるのだが、そもそもベンガル文化の文脈では「ありがとう」はそれほど使われず、それに比して Thank you は気軽に言えるため頻繁に使われるようになったと思われる。しかし「会う」を「meet করা（ミート・コラ）」、「変える」を「change করা（チェンジ・コラ）」と言うに至っては、それぞれほぼ等価のベンガル語表現があるだけに、違和感を覚える向きもある。

もちろんいずれもベンガル語のなかで用いられるので、発音はベンガル語化しており、「病院」は「ハスパタル」に近く、「大学」は「ユニバルシティ」、「メンバー」は「メンバル」、「お医者さん」は「ダクタル」に近い。またこれらの語彙は、ベンガル語の規則に従って語形変化するので、例えば「メンバル」の複数形は「メンバルラ」となり、「お医者さんの」という所有格は「ダクタレル」となる。また前述の meet করা などもうしろの一般動詞 করা（コラ・する）が語形変化を担うため、meet や change が変化することはない。それを考えに入れればこれらの英単語も立派にベンガル語化しているので、目くじらを立てる必要もあるまいと思われる。

しかし一方でこんな例もある。ある雑誌に発表された作品——『ジェイ・フォー・ジェラシー』とベンガル文字で記されたタイトルがそもそもまったくの英語である！——の、あるページの語彙を調べたところ、全830単語中118単語が英語だったというのである。実に8単語ごとに1単語は英単語が混在していることになり、この数字から「ベンガル語はいずれ英語になってしまう」と危機感を訴える意見を耳にした。もっともこれは極端な例とも言えるもので、この小説

では都市部の中産階級の、ことさらに英語交じりで話そうとする人々を描いているのでいたしかたない面もある。とは言え、実際にこのような話し方をする階層が存在することも事実で、筆者もセンテンスがまるごと英語になってしまうケースや、英単語を多用するあまりにベンガル語で話し始めていたのに、いつのまにかまったくの英語で話している例も目にしているので、危機感を持つのもわからなくはない。

英領インドの時代を経ているベンガル地域は、英語との関わりが日本よりはるかに長く密接である。東インド会社の進出に伴い、この地域では19世紀初頭から英語を学ぶ教育機関が開設され、仕事のチャンスを求めて英語熱も高まっていったのだ。実際のところ、ベンガルは南アジアのなかでそうした動きに最も早く呼応し、それによって発展を遂げていった地域でもある。もちろん英語は植民地時代の「支配者の言語」であり、自らの母語であるベンガル語との相克もあったわけで、独立後にやっとベンガル語を公用語（インドの西ベンガル州において）、あるいは国語（東パキスタンを経てバングラデシュにおいて）として明記するという悲願を達成したのである。

けれどもベンガル人は、そもそもベンガル語を捨てて英語に走ったわけではない。英領インド以前、すなわちムガル帝国時代の公用語はペルシア語だったので、知識人や行政に関わるような階層では、イギリスの進出に伴いそれまでのペルシア語に代わって英語を学ぶようになったというのが実情である。そしてさらに遡ればサンスクリット語が公用語だった時代も長く、つまりさまざまな「公用語」と併存するかたちで、ベンガル語はベンガル語であり続けたことになる。

実際のところ、こうした多言語併用と、公用語の変遷が現在のベンガル語の語彙の多様性を形作っている。ベンガル語の語彙の分類にはさまざまな方式があるが、「トトショモ」、「オルド・トトショモ」、「トドボボ」、「デーシー」、「ビデッシー」の5種類に分けるのが一般的である。1番目の「トトショモ」はサンスクリット語起源の単語で、発音はベンガル語化しているものの原則綴りはそのまま維持されているものを指す。2番目の「オルド・トトショモ」は「半トトショモ」という意味で、同じくサンスクリット語起源だが音も綴りもベンガル語化しているものである。そして3番目の「トドボボ」もやはりサンスクリット語起源だが、前二者と比べてかなりかたちが変わっている。実はベンガル語はサンスクリット語と同系の言語ではあるが、サンスクリット語から直接生まれたものではない。文章語であったサンスクリット語に対して口語方言とされるプラークリット諸語のうちの東部方言、そしてさらにそのプラークリットが「崩れた」とされるアパブランシャ諸語のうちの東部方言から生まれており、同様にプラークリットおよびアパブランシャを経たものが「トドボボ」なのである。こうして見ると、この分類の5種類のうち3種までがサンスクリット語起源になるが、同一の単語がこの3種で通用している場合もある。

例えばクリシュナ神を表す単語はトトショモで কৃষ্ণ（クリシュノ）、オルド・トトショモでは কেষ্ট（ケシュト）、トドボボでは কানু（カヌ）となっている。

残りのうち「デーシー」は「現地の」、「ビデッシー」は「非現地の」という意味だが、「デーシー」をベンガル語固有の語彙と考えるのは早計である。「デーシー」にはその起源が明らかではないものがかなり含まれるとは言え、その多くはベンガルがアーリア化する以前からの語彙、すなわちドラヴィダ系かオーストリック系のものと考えられている。そのため、前述の3種のサンスクリット系の語彙をベンガル語の中核と考え、「デーシー」を外来語の一種とする考え方もある。対する「ビデッシー」は通常サンスクリット語以外からの外来語と捉えられるが、ペルシア語やアラビア語などは直接ベンガル語に入ってきたのではなく、別のインド諸語を介して入っていることが多いため、異なる分類項目を立てる場合もある。

さてその割合だが、ある言語学者の試算によると、ベンガル語およそ全12万5000語のうち、トトショモの語彙が5万5000、ペルシア語、アラビア語からの外来語が2500、残りのほとんどはデーシーかトドボボであるとされる。そして英語はと言えば、せいぜい1000から2000であるとのこと。数がすべてではないが、その中核に「地元の」ことばであった「デーシー」と完全にベンガル語化したサンスクリット系語彙の「トドボボ」を据えた上で、さらにそこに入ってきたものとしては一にさらなるサンスクリット語、二にペルシア、アラビア語であったという歴史の重みを感じさせる数字である。

さて、このようにベンガル語の語彙において圧倒的な存在感を誇っているサンスクリット語だが、同じサンスクリット語起源の語彙が3種類に分けられているところからも見て取れるように、その関係には一筋縄ではいかないところがある。ベンガル語の形成に沿ったトドボボよりもサンスクリット語に近い形を維持しているトトショモがなぜ存在するのか。

実はトトショモの大部分は近代になって移入されたものである。近代初期、知識人が熱心に英語を学んでいたころ、それとほぼ並行してベンガル語では文章語である文語体が整えられていった。そしてベンガル語の標準化と散文体の発達を伴うこの文語体の形成過程において、多くのサンスクリット語の語彙が新たに取り入れられたのである。しかし文語体は20世紀に入るとしだいに口語体に取って代わられていく。そしてまたそれと同時に口語体にはふさわしくないとして、多くのトトショモの語彙がデーシーもしくはトドボボの語彙に置き換えられていった。実際に19世紀のベンガル語と20世紀のベンガル語の文章を比較してみると、トトショモの語彙の割合が大きく減っていることがわかる。

このように語彙とは複雑で、かつその言語の形成や歴史を反映している。してみると英語の語彙が今後どのような道筋を辿っていくのか、見届けることはできないにしても、注視していくのは悪くないかもしれない。（にわ・きょうこ）

殉教者たちの橋

菅原睦

トルコ語
[主な使用地域] トルコ、ブルガリア、ギリシア、ドイツなど
[母語とする話者数] トルコでは推定約6300万人
[文字] ラテン文字

　ヨーロッパとアジアにまたがるトルコ最大の都市イスタンブルで、この2つの岸を結ぶ橋がはじめて開通したのは1973年のことであった。現在は3本に増えた橋のうち、最初につくられたこの橋はトルコ語で Boğaziçi Köprüsü すなわち「ボスポラス橋」として知られていたが、2016年7月に起きたクーデター未遂事件の後、ここで犠牲になった人々を追悼する目的で、正式名称を 15 Temmuz Şehitler Köprüsü「7月15日シェヒトたち(の)橋」という長い名前に変えることになった。

　ここに出てくる「シェヒト」とはアラビア語の šahīd に由来する語で、元来は「信仰のために命を落とした者」すなわち「殉教者」を意味する。従って、この本来の意味に従うならば、新しくつけられた橋の名称は「7月15日殉教者たちの橋」という日本語に訳されることになる。一方で現在のトルコでは、「シェヒト」という語が「殉教者」とは別の意味で使われることが少なくない。例えば、ある手元のトルコ語辞書の「シェヒト」の項目では、1つめの語義として本来の意味にあたる「アッラーの道において、宗教のために戦って死んだ人」を載せたあと、2番目として「祖国、国民、尊い理想や任務のために死んだ人」があげられている。1の意味と異なり、こちらは宗教や信仰心を背景にするものではない。トルコではテロや武力衝突で警官や兵士が命を落とすたびに「シェヒト」として報道されており、現実にはむしろこの2番目の意味で用いられることが多いと言える。この場合日本語としては「殉職者」がより適切な訳語であろう。

　先のクーデター未遂事件に巻き込まれて命を落とした人たちは、もとより信仰のためとは考えにくいし、また一般市民であれば職務・業務とも直接は無関係であるため、「殉教者」でも「殉職者」でも日本語としては違和感が残る。結局、橋の新しい名称は、かなり古めかしい感じのする「7月15日殉難者たちの橋」か、もっと平易な「7月15日犠牲者たちの橋」といった日本語に訳されることになるだろう。

　このように、ある言語の中の宗教的な要素というものは、文化的な背景を共有していない外国語学習者にとってやっかいな問題となることがある。宗教的な意味をもったり、宗教的な連想を伴って使われる単語や表現を正しく理解しておく必要があるばかりではなく、上記の「シェヒト」のように、本来もっていたはずの宗教的意味が失われたり希薄化するということもあるからである。トルコ語の話し手の多くはイスラム教徒であり、直訳すればそれぞれ「アッラー、

アッラー」、「アッラーが守りますよう」、「アッラーが滅ぼしますよう」、「アッラーが満足しますよう」などなど、神の名である「アッラー」を含むさまざまな表現を日常使っているが、それらがすべて純粋な信仰心の表われとは限らない。「アッラー、アッラー」は（もちろん場面やイントネーションにもよるが）単に「あれあれ、おやおや」でしかないことが多い。「アッラーが満足しますよう」は実際には感謝の気持ちを表わす表現の1つである。だからといって、イスラム教徒ではない外国人学習者がお礼を言うべき場面でこの「アッラーが満足しますよう」を用いたとしたら、いささか奇妙な印象を与えるのは確実であろう。

ところで、現在のトルコ語とイスラム教との関わりについては、ある独特な事情を考えに入れる必要がある。それは、1923年に建国されたトルコ共和国が「脱イスラム化」政策の一環として、トルコ語からイスラム教的な要素を取り除こうとしてきたことである。具体的には、それまで使われてきたアラビア文字を廃止してラテン文字を採用し、さらにアラビア語・ペルシア語起源の単語をトルコ語起源とされる単語に置き換えていった。前者（文字改革または文字革命と呼ばれる）は、もちろん当時反対する意見はあったものの、ごく短期間のうちに達成され、現在ではトルコ語がアラビア文字で書かれることは通常ない。その意味で「成功した」改革と言うことができる。ただし、トルコ語がラテン文字化を断行したその背景に「近代化＝西洋化」という当時の考え方があったことに注意する必要がある（ほぼ同じ頃に日本や中国で唱えられた漢字廃止論の背景とも重なる部分がある）。従って、現在の我々はもはやトルコの文字改革の成功を「遅れたアラビア文字から合理的なラテン文字への移行」といった文字の優劣にすりかえて理解するべきではない。また、「アラビア文字はトルコ語の表記に適していない」という意見がしばしば見られるが、実はここにもヨーロッパ中心主義的な、ラテン文字の側からの視点がある。ある言語とそれを書き表す文字との結びつきが、合理的かどうか、適しているかどうかといった基準で単純に評価できるものではないことは、漢字と仮名を使っている我々が誰よりもよく知っていることではないだろうか。

一方のアラビア語・ペルシア語起源の単語をトルコ語起源とされる単語に置き換える作業は、イスラム文化やアラビア語・ペルシア語の知識と強く結びついた伝統的な書き言葉（いわゆる「オスマン語」）に代わる、新しい時代の書き言葉を作り出すためにまず必要とされた。置き換えのための新しい単語を用意するために、トルコ各地の方言語彙の調査や古いトルコ語文献の精査が行われたが、実際には非常に多くの単語が既存の単語と接尾辞を元に人工的に作り出された。こうした新造語の中には、トルコ語の歴史や構造を正しく踏まえずに作られたとして批判を受けているものも少なからずあるが、こんにちでは、古くから存在していた「由緒正しい」トルコ語起源の語とともに「純粋トルコ語」に数えられるのが普通である。この「純粋トルコ語」によっ

てトルコ語を「純化」しようとする動きは、次第にイデオロギーとの結びつきを強めていき、「純粋トルコ語」の単語を使うことが進歩的であると見なされるようになっていった。そのため、日常使われるよく知られた単語であっても、それが外来語であるというだけの理由で「純粋トルコ語」による言い換えが提案されたものもある。興味深いことに、このようなケースでは「純粋トルコ語」がもっぱら書き言葉や改まった場面で用いられ、普段の会話ではそれらに対応するアラビア語やペルシア語起源の単語の方がむしろ使われるという、一種の逆転現象さえ見られることがある。これでは単なる「純化のための純化」と言われても仕方ないだろう。

文字改革とトルコ語の「純化」とはそれぞれ別々の作業であったが、アラビア語・ペルシア語に由来する要素を多く含む言語は、そもそも読み手・書き手の側のアラビア語やペルシア語の知識を前提としており、そのためアラビア文字で書き表すのがより適切だっただろう。逆にアラビア文字の使用を続けながらアラビア語・ペルシア語起源の単語を排除するのはかなり困難であったと予想される。その意味で、これら2つは密接に関連していたのであり、どちらか片方だけという選択肢はありえなかった。しかし、用いられる単語をとりかえることは文字をとりかえることに比べてはるかに複雑なプロセスであり、現状に対する評価は、「トルコ語が外国語の束縛から解放された」といった肯定的なものから、「トルコ語のかつての豊かさが失われた」という批判的なものまでさまざまである。その意味では、この問題はすでに決着がついた過去の問題ではなく、今後ある種の「揺り戻し」が起こる可能性も視野に入れておく必要がある。

イスラム教と結びついたものを排除することで近代化を目指すという、トルコ共和国建国時の理想は、多くの成果を上げてきた半面、国民の間にある種の亀裂を生みだすことにもなった。現在のトルコ社会が直面しているこの図式は、トルコ語自体にもほぼそのままあてはまるようである。

本稿の最初で「7月15日シェヒトたちの橋」について述べたが、そこではあくまでこの命名が現実に起こったことをそのまま反映しているということを前提としていた。そうではなくて、ある特別な意図をもってこの名称が選ばれたとしたらどうなるだろうか。たとえば、事件の犠牲者を本来の意味の「殉教者」に譬えた、つまりクーデターを試みた勢力に勇敢に立ち向かった人たちをイスラム的な価値観から称揚しようとしているという、いささかうがった見方をするならば、やはり「殉教者たちの橋」と訳すのが適切ということになる。もちろんトルコの人々がその意向を受けて、ここで命を落とした人たちを「殉教者」と見なすようになるかどうか、今はわからない。実際のところは、慣れ親しんだ「ボスポラス橋」という名前が今後も使われ続けるような気もする。(すがはら・むつみ)

世界は見えるか

川上茂信

スペイン語
[主な使用地域] スペイン、アメリカ大陸、赤道ギニアなど
[母語とする話者数] 約4億7000万人
[文字] ラテン文字

　セルバンテス文化センターという組織がある。スペイン語を世界に広めるためにスペイン政府が1991年に作った組織で、日本にも2007年に支部ができて精力的な活動を行なっている。このセンターが2014年に出した報告書によれば、スペイン語の母語話者は4億7000万人近くおり、中国語に次いで世界第2位だという。非母語話者や学習者まで含めれば5億4800万を超える人々がスペイン語を使っていて、これも世界第2位。そして母語話者の数は増え続けているという。報告書の体裁は崩さないが、スペイン語は押しも押されもせぬ大言語、発展を続ける未来志向の言語、という高揚感溢れる文章なのだ。

　事実は事実。それを言って悪いことはない。日本でも話者の多さにひかれてスペイン語を学び始める人は少なくないが、真っ当な動機だ。学習者が増えてスペイン語教育業界が潤えば私も恩恵に与れるので、歓迎すべきことのはずだ。だが、私自身スペイン語の話者数ではなく響きに魅せられて学習を始めた人間だからかもしれないが、ここに漂う「偉大なスペイン語万歳」的なノリはどうにかならないものかと思う。

　この報告書は、アメリカ合衆国におけるスペイン語についても言及している。ここでもスペイン語話者が増えていて、2050年にはスペイン語話者の最も多い国はアメリカ合衆国になっているだろうと予測している。誤解のないように補足しておくと、これはアメリカ合衆国においてスペイン語が英語を抜いて一番になるという意味ではない。スペイン語圏の国の中でアメリカが現在トップのメキシコを抜いて一番になるということだ。確かに、合衆国においてヒスパニック系の人々が社会的に可視化されてきていて、存在感が高まっていることは、日本でもよく知られている。

　しかし、言語に限って見たらどうだろうか。まず、合衆国ではスペイン語は公用語ではない（自治領であるプエルトリコを除く）。学校で教育をスペイン語で受ける権利が保証されているわけでもない。話者数が増えていると言っても、それは移民が流入し続けているからで、三世ともなるとスペイン語を話せなくなっているという研究もある。

　つまり、移民の子や孫の世代がその土地の言語を身につけて親の言語を覚えないという、世界中いたるところで起こっている現象が、アメリカでも起こっているわけだ。このような状況に置かれた移民社会の言語を継承語と呼ぶが、スペイン語の次世代への継承の問題は、上の予測できちんと考慮されているとは言えないのだ。

　この報告書に見える楽観的な態度は、

もしかしたらスペイン語の将来に対する不安の裏返しなのかもしれない。グローバル化した世界では英語がますます勢力を広げている。スペイン語は数値をかき集めれば今のところ2位だが、これから先、英語に脅かされ、3位4位の言語に追い抜かれ、国際社会における地位が低下していくかもしれない。こういう不安は、消滅の危機に直面している言語から見れば贅沢な悩みだが、現代世界の言語問題の1つの側面を映し出していると言える。

継承語としてのスペイン語は日本にもある。話者数は多くないし、社会的な注目度も低い。しかし、スペイン語を話す人たちが日本に暮らしていて、子どもたちの日本語学習の問題とともにスペイン語の継承の問題が存在するのは事実だ。日本でスペイン語を勉強する人々の関心は大部分がスペイン語圏に向いているが、この言語が見せてくれる世界の中には、多言語・多文化化しつつある日本も含まれる。

さて、ここからはスペイン語の文法から世界が見えるかどうか考えてみよう。

スペイン語の名詞は男性名詞と女性名詞に分かれる。「男」hombre は男性名詞、「女」mujer は女性名詞で分かりやすいが、「木」árbol が男性で「テーブル」mesa が女性というのは分かりにくい。実際には、単語の形、その語尾によって男性・女性が決まることが多く、-o で終わるものは男性名詞、-a で終わるものは女性であることが多い。しかし、例外もあるので最終的には辞書などでいちいち確認する必要がある。

自然の性を持たない事物を男女に分けるのは何故かとか、「木」がどうして男性なのかとかいう疑問に答えようとした言語学者はいるが、意味的な観点から全部をスッキリ説明するのは難しい。男性女性の分類の中にスペイン語の世界観を見て取れるのであれば面白いのだが、とりあえずそれは無理だということになっている。

学習者にとって厄介なのは、男性と女性の区別がその名詞を修飾する単語に影響を与えることだ。例えば「1人の背の高い男」は un hombre alto で「1人の背の高い女」は una mujer alta になる。不定冠詞（あるいは数詞）の un は男性名詞につく時の形で、女性名詞の前には una が来る。「背の高い」は男性形が alto で女性形が alta といった具合だ。私も喋っていてよくこの一致をやり損なう。

人を表す名詞の場合は、大抵はその名詞で表したい人の性別に応じて男性名詞と女性名詞を使い分ける。男の友達は amigo で女の友達は amiga になるが、「学生」estudiante はこの形のまま男性になったり女性になったりする。例えば「背の高い学生1人」が男なら un estudiante alto になり、女なら una estudiante alta になる。スペイン語を喋るときには、話題にしている人が男なのか女なのか常に意識している必要があるわけだ。

このことは、職業や地位を表す名詞にも当てはまる。「教師」であれば男なら profesor、女なら profesora という風に、やはり男女の区別が表現されるわけだ。

ところが、専門的な職業は、昔は男性が独占していて、男性名詞しかなかった（女性名詞を使う必要がなかった）ものが多い。女性の社会進出に伴って、それらにも女性名詞のペアができて、特に20世紀後半以降になると広く使われるようになったのだが、女性名詞の作り方には複数のやり方があって、一筋縄ではいかないのだ。

男性が -o で終わる場合は -a に変えて女性を作るのが一般的な傾向だ。例えば「医者」は男性なら médico で、女性なら médica だ。しかし、実際には médico のままで女性名詞として（una médico alta のように）使うこともある。1つの文章の中で女医である同じ人物を médica とも médico とも表現する例も見たことがある。

規則的な -a による女性名詞を避ける人がいる背景には、この形が軽蔑的に響くことがある（あった）という事情もある。日本語で言えば「女〜」が場合によっては同じようなニュアンスを持ち得るのと似ているかもしれない。女性形の定着の道のりも、女性の社会進出と同様、平坦ではない。

また、-a による女性形の定着度は語によって異なる。-o で終わる男性形に対して -a の女性形、-or の男性形に対して -ora の女性形は規則的で定着度も高いが、-e で終わっている場合は、前述の estudiante のように男女同形のものが多い（性別は冠詞や形容詞などで区別される）。しかし、その中で -a による女性形の定着度が飛び切り高い単語が「大統領」presidente / presidenta だ。

2016年現在チリの大統領が女性で、スペイン語圏全体では、今までにアルゼンチン、ボリビア、ニカラグア、エクアドル、パナマ、コスタリカで女性が大統領になっている（エクアドルの場合は政治的な混乱の中で3日間だけということではあるが）。これを見て、ラテンアメリカでこんなに女性が社会的に重要な地位についているのかと驚く人もいるのではないだろうか。実は presidente / presidenta は大統領だけでなく、議長、社長、会長などいろいろなトップを表すことができるので presidenta を使う機会はさらに増える。

日本語で得られるスペインや中南米に関する情報は、この地域に対するステレオタイプ的なイメージに沿ったものになりがちだ。もちろん、スペイン語圏以外に関する情報についても同じことが言えるだろうし、外国語で日本について得られる情報のことを考えればお互いさまではあるが、ある地域のことを理解したければ、その地域で話されている言語を覚えろということでもある。英語を学べば世界が分かるというのは幻想に過ぎない。同様に、スペイン語を学んだからといって世界が分かるようにはならないが、英語もスペイン語も、いや何語であっても、日本語からは得られない世界の見え方を提供してくれる。それが外国語を学ぶ意義・楽しみの1つであることは間違いない。（かわかみ・しげのぶ）

座談会

武田千香(司会)
藤縄康弘
橋本雄一
沼野恭子
立石博高

(構成:伊藤達也)

言語と文化の多様性を生きる

後篇

1950年	朝鮮戦争
1953年	エジプト共和国成立
1954年	外国語学部に海外事情研究所を開設
1955年	第1回アジア・アフリカ会議（バンドゥン）
1956年	スターリン批判、東欧暴動。スエズ動乱（第二次中東戦争）
1958年	アラブ連合共和国成立（1961年にシリアが離脱）
1960年	安保闘争
1961年	学科を科に改称、アラビア科設置
1962年	アルジェリア独立
1964年	科を語学科に改称。アジア・アフリカ言語文化研究所を設置
1965年	米軍の北爆開始。日韓基本条約。
1966年	文化大革命（1977年まで）
1967年	第三次中東戦争
1968年	パリ五月革命
1970年	ポーランド暴動
1973年	第四次中東戦争
1977年	朝鮮語学科を設置。大学院地域研究研究科修士課程を設置
1980年	ペルシア語学科を設置
1989年	天安門事件
1991年	ロシヤ語学科をロシヤ・東欧語学科に改組。湾岸戦争。ソ連消滅
1992年	大学院地域文化研究科博士課程（前期・後期）を設置。インドネシア・マレーシア語学科とインドシナ語学科を東南アジア語学科に改組
1993年	アラビア語学科とペルシア語学科を中東語学科に改組
1995年	外国語学部を7課程（欧米第一、欧米第二、ロシア・東欧、東アジア、東南アジア、南・西アジア、日本）3大講座（言語・情報、総合文化、地域・国際）に改組
1999年	東ティモール独立
2001年	9・11同時多発テロ
2002年	バリ島爆弾テロ
2003年	イラク戦争
2005年	ロンドン同時テロ事件。パリ郊外暴動
2004年	国立大学法人法に基づき国立大学法人東京外国語大学設立
2008年	リーマンショック
2011年	アラブの春。東日本大震災
2012年	外国語学部を改編し、言語文化学部、国際社会学部を設置
2014年	「イスラム国」樹立宣言
2015年	シャルリ・エブド事件。パリ同時テロ事件

ガラパゴス島で「外国語」を学ぶ?

武田 情報化が進んだ現代では、日本にいても海外の情報はすぐに手に入ります。異なる文化に触れる意思がなくても、消費すべき文化や娯楽は街にあふれ、否応なしに巻き込まれてしまう。その一方で、「ガラパゴス化」という言葉が、現代ニッポンを象徴する言葉として一時頻繁に用いられました。

沼野 言語にしろ、文化、技術にしろ、明治から大正にかけて、自国の後進性に危機感をもって、海外から学ぼうという意欲が日本人にはあったわけですが、だんだんそれは失われてきました。海外に行く留学生の数も減っていて、意識として異文化への興味は減退しているということもよく言われますね。

橋本 ガラパゴスというか、グローバル化の進展でこの日本列島に外国から多くの人びとが観光・仕事・生活あるいは生存のために来ています。中国語を学んだ卒業生でも、海外ではなく日本で中国語を活かす場所が増えてきた。このあいだ新聞記者になった卒業生が言っていたのですが、群馬の支局に配属されて、外国人コミュニティが地元と共存もしながら生きていくことをいかに模索しているかを取材する際、中国語が役に立ったと言っていました。

立石 「ガラパゴス化」という言葉そのものの使われ方が面白い。実際に本当のガラパゴス島が今どんな状況になっているかと言えば、観光客であふれてる!

藤縄 異文化が入ってきているわけですね (笑)

沼野 外国に行って何かを学んでくる必要があるかどうかはともかく、ともかく楽しんでくればいいんじゃないかとも思うんですが、その「楽しみ」への意欲すら減退してるように見受けられます。

武田 私たちが学生の頃は、まだ「外の文化に触れたい」、「外国に行ってみたい」という憧れの気持ちがあった。しかし、今は行かなくても情報はインターネットを見れば映像も画像もなんでも手に入る。外国が遠いところではなくなってしまって、憧れも夢も、外国に対してはなくなってきてる。こうした前提があるなかで、「外国語」教育はどう変わっていくべきなんでしょうか。

大学に限らず、小学校から高等学校まで含めて、教室のなかでできる「外国語」教育とはどんなものなのか。文法の基礎はもちろん大事で、「読む」「書く」「聞く」「話す」を、自力で勉強できるところまで引き上げる。そこまでは教師としてやりたいと思っていますが、学生の関心も多様で、一人ひとりの求めるものを提供することは難しい。最近、言語教育はどこまで可能なのかと考えることが多くなりました。

藤縄 問題意識は共感できますし、その答えもすでに仰っているではないですか。つまり「自分の力で勉強できるところまで引き上げる」。基本的には、それをやるのが語学教育ではないでしょうか。「外国語」教育というからには、外国語を学ぶに当たっての最低限を自分で考えるところまで引き上げることが一番のベースになります。

小さい頃から周囲に外国語の環境があ

立石博高

るために自然に身についたり、ネットなど色々なものにアクセスできるようになったことで気付かずに体得した言語は、その人にとって実は「外国語」ではないと言えます。ただ、この「ゼロから学ぶ」という前提がグローバル化のなかでこのまま続いていくのかどうか、という問題はあるわけですけれど。

英語教育の深層

立石 日本の外国語教育、とりわけ英語教育は、「読む」と「書く」技能ばかりに偏ってきました。よく批判されることですし、現在の教育現場で最も大きな問題であると言えます。いわゆる4技能、「読む」「書く」「聞く」「話す」のうち、「聞く」「話す」教育はずっと不十分なままでした。

武田 でも、「話す」教育は教室のなかでどこまでできるのだろうか。教室のなかで会話能力を教育するには限界があります。

橋本 しかし限界があるといっても、まずはやらなければならないことでしょう。

武田 今は教室でしか学べなかった時代と異なり、留学できる環境が整っています。自力で勉強できるところまで引き上げて、後は留学するという考え方も不可能ではありません。

沼野 留学しやすくなったことが、改めて日本の英語教育の問題を浮き彫りにしている面もありますね。英語圏へ日本人が留学すると、まずプレイスメントテストを受けて、クラスが分けられますが、日本人は筆記試験の点はかなり高いので、一番難しいクラスに振り分けられることが多い。

するとどうなるかというと、同じクラスの他の国から来ている人たちは、英語が相当喋れます。それに対して日本人は、文法はしっかりしていて語彙は豊富だけれど会話ができないという状況に陥ります。こうした状況をどうやって克服するか、語彙をアクティブに使えるようにするにはどうすればいいのかを考える必要がありますね。

武田 そもそもが、外国語の能力ではなくて、言葉を「話す」能力の問題なのかもしれません。母語でできないことは、外国語でもできませんよね。

日本人はとかく話すことを苦手としています。しかし外国、とくに欧米の人は話すのが上手です。外国語である日本

語で、そしてどうかすると大した内容でなくても、やたらと話してくる人がいます。日本では小学校の頃から、むやみに手を挙げて発言したり、賑やかに自分の意見を言う人は煙たがられる傾向があります。闇雲に意見を言うよりも、中身のあるしっかりとした発言をすることがいいという教育を受けて育ってる。

立石 それを大学教育から、この大学から変えたい。外国語を教室だけでなくキャンパス全体で学ぶことで、豊かな表現力、コミュニケーションの力を育んで欲しいと思っています。

沼野 でも、これは文化と文化の違い、文化コードの問題でもあるのではないでしょうか。日本人的なメンタリティで、「沈黙は金」という文化がずっとあったわけですから。人格的にもある程度完成された年齢の大学生にいきなり話せるようになりなさい、と言っても難しいかもしれません。それまでの育った環境や教育のなかで、コミュニケーションのとり方を学習した結果として現在があるわけですからね。

武田 批判されがちな日本の中学校から高等学校までの6年間の英語教育ですが、それがまったく役立たないかというとそんなことはない。私はこの大学でポルトガル語を教えていて、学生は文法を1年間ですべて学ぶ。それができるのは、英語教育での積み重ねがあるからです。関係代名詞、過去完了、副詞と言えば分かるし、「英語ではこうですよね」と言えば理解できる。あの6年があったから教えられると痛感するんです。

橋本 そういう意味での、「外国語を喋

武田千香

れるようになる」ということの難しさとは何か。「外国語」だけど同じ「ことば」だ、という次元に関わるかもしれませんが、「喋ることがない」と話せないわけです。文法をいかに正確に学んでいても、喋る内容がなかったら、あるいは言葉を使って表現したいと思う「何か」がなければ、口を閉じるしかない。

結局はその言語を使って「何を話すか」ということです。日本人が、中国語で「客气（クーチ）」と言いますが、思慮深い（笑）というか、恥ずかしがって話すことができないというのはわかります。しかし、喋ることは「主張」ですから、語るべき内容を何か伴わないといけない。そうでなければ、いくら中国語を学習しても喋る話題と中身がない。その中身について大学は、「自分で見つけよ」というしかないんですかね？

沼野恭子

沼野 私自身の「何か」は、やはり現代ロシア文学とその翻訳でしょうか。ロシア語の言葉や言いまわしをどう日本語に訳すか、日本で知られていない作家をどう紹介するか、知られていない作品の魅力をどう伝えるか。そんなことばかり考えています。

好きこそ物の上手なれ

武田 ここまで話して来ると、それぞれの言葉との出会いについて聞いてみたくなります。

橋本 中国語は学ぶのに本当に時間がかかります(笑)。字体が、古代からの漢字と今の中華人民共和国では違っているということも覚えないといけない。小テストで学生を鼓舞しても、みんな四苦八苦しています。他の言語の学生よりも、漢字に囚われる分、その言語の重たい様式からいったん離れて、言いたい中身を同時に培わせるのが大変なのではないでしょうか。

そこから文学に関心を持ち、専門にしようとするのはなおさら難しい。それを表すように、中国近現代文学の卒論ゼミに上る人はそう多くはいないんです。60人新入生が入ってきて、5人とか、多くて10人です。もちろん「中国語」の文学・文化の魅力を語る力が、自分の側にももっと必要なんですが。

僕個人の経験で言うと、時間をかけて楽しくなってきました。時間をかけないと面白さが分からない言語かもなあと、中国語については特に思います。

たとえば1つの詩を覚えて自分で暗唱する楽しさを1年生に求めても、なかなか難しいなと実感します。詩が表現しこちらに語りかける内容を、自分も実体験しないことには。これは先ほどのその言語で自分が何を喋るか、とも関係してきますね。

個人的なきっかけの話をすると、もともと僕が中国語を始めたのは、中学生のときに地元に魯迅の息子さんが講演に来たんです。それとアジアで一番話者が多い言語をやりたい、英語やヨーロッパ言語ではなくて、アジアのなかで大きく見える言語をやりたいという単純なものでした。

藤縄 僕はドイツ語ですけれど、ありがちな音楽への興味です(笑)。クラシックが好きで、高校生になってアルバイトもしてお小遣いも少し増えたという時に、当時はLPレコードですが、国内盤を買

うと高い。だから、少し安い輸入盤を買う。輸入盤はもともとドイツで発売しているものが多いので、そこに書かれたドイツ語の解説が読めるようになりたいなと思ったんです。

あと、中学生、高校生の頃はそうレコードを購入できません。あの頃の一番のハイファイソースは、ラジオのFM放送だったんです。ラジオのエアチェックを日課にしていた。そこがきっかけですね。

武田 みんな昔はラジオを聴いてましたね。そこから外国の文化を知った。

藤縄 その楽しみが、いま復活してきています。ドイツの放送局は寛大なので、ネットで放送をほとんど流している。それを毎日のように録音しています。放送の中身がわかるというのが最高の楽しみなんです。

私は高校生でLPレコードを手に取った時、「このライナーノートを読めるようになったら、一生幸せだろうな」と思ったんです。本当にその通りで、いまはドイツ語を研究することが仕事にはなっていますが、仕事ということだけでは続けて来れなかった（笑）。好きなことをやっているのに、それが役に立つというほど楽しいことはない。いま若い頃と同じようにラジオ放送をチェックする楽しみを味わえるわけで、昔の自分に戻れるというのが、この歳になると何ものにも代えがたいものがあると思います。

藤縄康弘

「私のために書かれた」

沼野 私はやはりロシア文学への興味がきっかけです。ロシア語を学んだり教えたりしていると、昔から、どうしてロシア語を選んだのかという質問を無数に受けてきましたので、「希少価値があると思ったから」とか、「ボルシチが大好きだったから」とか、いくつか回答を用意していたものですが（笑）、原点はやはり文学。ドストエフスキーからトルストイに移って、なんと言っても『アンナ・カレーニナ』を読んだことですね。不遜なことを言いますが、「私のために書かれた小説だ」と思いました。小説の中で、トルストイの分身と言われているレーヴィンという登場人物が、生きている意味に悩む。高校生の時でしたから、1世紀以上も昔の人が、違う言語で考えているのに、自分と同じ悩みを抱えている……それがとても衝撃でした。

当時は言葉や文化の差異やそこから

橋本雄一

文学に惹きつけられるような感覚には自覚的ではなかったけれど、「これだ」と思ってしまった。世界文学全集で他の外国文学も読みましたが、一番しっくりきたのが、トルストイのロシア文学だったんです。

武田 私がポルトガル語をやろうと思ったのは15、16歳の頃で、ものすごく単純に、ブラジルに行きたかった！

なぜブラジルかと言うと、父が単身赴任していたんですね。家族は一度も行ったことがなかったんですが、お土産や持ち帰ってくる物や情報からブラジルの空気を感じて、「ブラジルを知れば幸せになれるんじゃないか」という直感があった。おかげさまで、今はすごく幸せです（笑）。

いま考えると、ブラジルには秩序はもちろんありますけれど、常にそこから逸脱したものも持つ傾向がある。だからこそカーニバルという文化もあるのだと思います。私は比較的厳格な環境で育ったので、何か自分を解放してくれるものを求めていたのかなと今となっては思います。

若い頃は、訳も分からずブラジルの魅力を追い求めていただけでしたけれど、「ブラジルに行くためにはポルトガル語をやればいいんだ、なら外大に行けばいい」と考え、その後はまっしぐらでした。そうして今ブラジル研究者になってます。仕事と趣味を兼ね備えている幸せな職業ですよね。

人間は変わる

立石 私が学生だった頃はスペイン内戦を描いたいい映画が何本もあって、中学生の時に『日曜日には鼠を殺せ』という映画が封切りされたんですね。

マキと呼ばれるゲリラが、フランコ政権に抵抗する様を描く映画でした。フランス国境線を越えて戦っていたのが、だんだんと状況が苦しくなる。ゲリラ戦で活躍した戦士が南フランスのある街に潜伏しているのを知った政府側が彼をなんとか逮捕したいと考え、嘘のニュースを流すんです。「故郷で母親が死にかけている」と。カトリックの国ですから、フランコに抵抗するゲリラであっても、母親の死には立ち会わないといけない。本人は殺されることが分かっていても帰るしかない。そして、そこで殺されてしまう——。そういう暗い映画なんですが、それを見てスペイン的なメ

ンタリティ、歴史に関心を持ったんです。

そういったもともとのスペインへの微かな関心に加え、外交官を目指していたので、希少性と汎用性を天秤にかけてスペイン語を専攻しました。学園紛争などがなければ外交官になっていたかもしれません。それがいくつかの事情が重なって、学問世界に足を踏み入れてしまったわけですね。

ただ、スペインは今は大好きですよ。文化も料理も好きです。人間は変わるんですよ。だから表現が苦手とか人付き合いが苦手とかあまり言わないで教育のなかで学生も変わっていって欲しい。学ぶことの楽しみと言うと難しいですが、文化を好きになること、そこから自分が変わっていくことは間違いなく楽しいことです。

橋本 「楽しみ」というのは、一様ではありません。レコード盤だったり、文学の本もある。文化や社会問題への関心もあるでしょう。中国語についても、漢字や発音のギャップが面白いのか、何千年も続いた言葉の末端にあるという時間軸を面白がるのか、なんでもいいから自分が面白いと感じる部分を見つけようぜと教室でも言います。

そして、長く付き合ってみると、楽しみも変わるし増えてくる。このことを大学4年間で本当に伝えることがどう可能かも大問題なんですが。

この言葉とのつきあいが長くなっていることもあり、例えば自分ではやはり古典へ遡る興味が増していますね。李白が地上の麗水—自分の影—宇宙の月を歌う《月下独酌》を読んで、頭上の今夜の月が抱えてきた光と時間に思いを馳せるようになってきたり。人は変わるんですよね。

熱く語れ！

立石 そのためにも、教育では教師が「熱く語る」ことが大切だと思うんです。私のスペインへの関心で言うと、高校時代の英語教師で五木寛之と同じ学年の早稲田露文科出身の先生がいて、『ゲルニカ』という同人誌を出していた。私は当時、情報もなかったのでピカソの「ゲルニカ」のことを知らなかった。その先生からスペイン内戦のことを聞き、揺さぶられました。大学に入っても熱く語る先輩がいて、影響を受けましたね。ある時、ゲバラの国連での演説がソノシートで出たんです。それを先輩に教えられた。

藤縄 赤いソノシート、懐かしい（笑）。

立石 『朝日ソノラマ』の1969年10月号でした。大学管理臨時措置法ができた年で、そのニュースが裏面、表面がゲバラの演説だった。演説を聞くとやはり内容が知りたくなるものです。「自分もこんなふうに話してみたい」というところから、スペイン語にのめり込んだんですね。

武田 自分の最初の動機を熱く語れるような先生や先輩がいると、楽しみを見つけるきっかけを与えられる。その環境を用意する役目は、この大学も担うべきものですし、広く日本の教育の現場にあるべき姿だと思います。今日はありがとうございました。(了)

構成:伊藤達也
2016年10月6日
於:東京外国語大学 学長室

3

いかに彼らと生きるのか？

越境する

長屋尚典

フィリピン語（フィリピノ語）
[主な使用地域] フィリピン共和国
[母語とする話者数] 約3000万人
[文字] ラテン文字

タガログ語＝フィリピン語とは？

　タガログ語（Tagalog）はフィリピン共和国で話される言語の1つだ。フィリピン共和国は東南アジア島嶼部の国の1つ、7000の島々からなる島国で、首都のマニラには東京からなら飛行機で4時間程度で行くことができる。日本の隣国だ。日本で生活するフィリピン人は20万人を超え、最近では英語学習や研修旅行、ボランティアなどでフィリピンを訪れる日本人も増えている。日本にとって身近な存在といえる。

　このフィリピンでは200近い言語が話されているが、タガログ語はその中でも話者数の多い有力な言語で、首都マニラおよびその周辺の地域で話されている。英語と並んでフィリピン共和国の公用語の1つでもあり、公用語としてはフィリピン語（Filipino）とも呼ばれる。タガログ語とフィリピン語は理念的には異なるが、言語的な実質としては同じものである。タガログ語の母語話者は3000万人ぐらいと考えられているが、公用語としては1億人近い人々によって話されている。

　このタガログ語は、言語学的にいうと、オーストロネシア語族と呼ばれる世界最大級の語族に属する言語で、台湾の原住民語やインドネシアの諸言語、ハワイやニュージーランドなどの諸言語と親戚関係にある。同じ祖先から分岐した言語であるということだ。音声は比較的単純で日本語母語話者でもローマ字読みするだけで簡単に発音することができる。文法は少し変わっていて、述語が主語よりも先に現れる。日本語が「マリアは寝ている」のように主語—述語の語順を持つのに対して、タガログ語では述語—主語の順なのである。たとえば、下の例文を見てみよう。Natutulog「寝ている」という述語が、Maria「マリア」という主語よりも先に出現していることがわかる。

Natutulog si Maria ngayon.
　寝ている　は　マリア　　今
「今、マリアは寝ている。」

　左から右に読むと「寝ている」「は」「マリア」「今」という意味だが、右から左に読むと、つまり逆に読むと「今」「マリア」「は」「寝ている」というふうになって、日本語になる。日本語と語順の発想がまったく逆さまな言葉といえるだろう。

言葉の境界を超えるタガログ語

　タガログ語は、フィリピン共和国の公用語でもあり、今や母語話者数においてフィリピン最大の言語であるので、フィリピンを代表する言語ではある。しかし、それはこの言語がこの国で安定的な

地位を占めているということを意味しない。まず、フィリピンにはタガログ語の他にもたくさんの言語が存在している。タガログ語と同じオーストロネシア語族に属する言語だけでもセブアノ語やイロカノ語などの有力な言語があり、それぞれビサヤス地方やイロコス地方で多くの人々によって話されている。特に、セブアノ語は、ビサヤ語（Bisaya）とも呼ばれ、フィリピン共和国の南部の島嶼部で広い範囲にわたって話されている。自分たちの言語に対する愛着も並々ならぬものがあり、セブアノ語地域でタガログ語を話していると怒られることもあるくらいだ。ちなみに、タガログ語もセブアノ語もイロカノ語も方言ではなく言語であるのでお互いに全く通じない。

次に、福建語や広東語をはじめとする中国語諸言語も話されている。これらの諸言語は中国からさまざまな理由でフィリピンに移民してきた華人によって話されている。人口の点で考えれば華人は少ないが、彼ら・彼女らが商売に長けていることもあって、フィリピン社会に強い影響力を持っている。たとえば、パンシット（pansit、麺料理）やルンピア（lumpia、春巻き）のような料理および料理名がある。今ではフィリピン料理として認識されているが、もともとは華人たちがフィリピンに持ち込んだものだ。マニラにはビノンド（Binondo）と呼ばれる華人街も存在し、華人向けの学校もあり、そこでは福建語や広東語が飛び交い、タガログ語とは全く異なる言語世界が広がっている。

さらに、忘れてならないのが英語という存在だ。よく知られているようにフィリピンでは英語も公用語の1つで、実際、程度の差こそあれ、ほとんどのフィリピン人は英語を日常的に使用する。テレビからは字幕も吹き替えもない英語の放送が流れてくるし、新聞はほとんどが英語だ。大統領の演説も英語なら、学校の授業もだいたい英語なのである。マニラのオフィス街にはコールセンターが建ち並び、アメリカの銀行や会社のカスタマーサービスの電話を受けている。英語だけ話せればフィリピンで困らないというのはある程度本当である。

しかし、英語の影響はそこにとどまらない。フィリピン人はタガログ語を英語と混ぜて使うのだ。たとえば、次の例文は、フィリピンにいるときに私の携帯にフィリピン人の友だちから送られてきたメッセージだ。

Mag-meet tayo tomorrow 3pm.
する-会う 私たち 明日 午後3時
「私たちは明日の午後3時に会いましょう。」

もちろん meet「会う」や tomorrow「明日」、3pm「午後3時」などは英語の単語だ。接頭辞の mag-「する」や tayo「私たち」などの文法要素はタガログ語だけれど、英語の方が目立って、こうなるともはや何語か分からない。

このようにフィリピン人は英語とタガログ語を混ぜる。こういう話し方のスタイルを Tagalog と English を合わせて Taglish（タグリッシュ）ということもある。中学や高校で習う漢文訓読みたいで

不思議な感じがするが、でも、フィリピン人に「もっとも自然なタガログ語は何か」と問えば、このような文のことだと答えるだろう。タガログ語だけでタガログ語の文を作るとタガログ語として不自然な文ができあがってしまう。何かおかしな気がするけれど、英語とタガログ語の境界を自由に行き来することができる言語、それがタガログ語なのだ。

国境を越えるタガログ語

現代世界においてタガログ語を語るうえで欠かせない事実は、この言語が国境を越えて世界中で話されているということだろう。フィリピン共和国は海外への出稼ぎ労働がさかんで、よりよい労働環境・労働条件を求めて世界中にフィリピン人労働者が飛び散っている。職業としては、看護師、家政婦、介護スタッフ、建築労働者などであり、国としてはアメリカ、サウジアラビア、アラブ首長国連邦、マレーシア、カナダなどが多い。もちろん日本にもたくさんいる。海外で働くフィリピン人は Oversea Filipino Workers（海外フィリピン人労働者，OFW）と総称されており、フィリピン政府の2013年の統計によれば、1000万人を超えるフィリピン人が海外で働いているという。

こういうわけだから、タガログ語は世界のいろんな労働現場で話されているし、タガログ語を話せるというだけで世界のいろんなところで得をすることがある。たとえば、アメリカの空港職員にはフィリピン人が多い。セキュリティチェックやゲートでタガログ語が聞こえてくることがよくあるし、タガログ語でチェックインすることも可能だ。数年前、私はサンフランシスコ空港からマニラに飛ぶ機会があったが、手荷物の重量制限を10キロほどオーバーしていた。本来ならかなりの金額の追加料金を徴収されるところだったが、タガログ語で交渉したところ、追加料金を免除してもらえた。そういうことはよくある。

さらに、アメリカの病院にもフィリピン人は多い。英語の得意なフィリピン人看護師がアメリカの看護師資格を取得して働いているためだ。実際、私がアメリカの大学院に留学しているとき、大学のクリニックの看護師の方はフィリピン人だった。医師の問診のときに英語を話した以外は、ずっとタガログ語で医療サービスを受けることができた。

タガログ語を話す人々は世界のあちこちにいる。言葉の間をすり抜けて、国境を越えて話されている。フィリピンだけに限っても、さまざまな言語と共存し、英語と混じり合いながら存在しているし、フィリピンという国境を越えて世界中にタガログ語ネットワークが広がっている。日本に住む我々も気づかないだけで、このタガログ語ネットワークの中に生きているのかもしれない。（ながや・なおのり）

多極化・多元化する ルゾフォニア

黒澤直俊

ポルトガル語
[主な使用地域] ポルトガル、ブラジル、アンゴラ、モザンビーク、カーボ・ヴェルデ、ギニア・ビサウ、サントメ・プリンシペ、東チモール（ほかに赤道ギニアでも公用語）
[母語とする話者数] 約2億3000万人
[文字] ラテン文字

　ポルトガル語が分布する地域は南米、ヨーロッパ、アフリカが主である。ブラジルとポルトガルを除くポルトガル語圏では、母語話者を含む話し手の人口が一様でないので、それを勘案したのが上の数字である。通常、話者数は公用語とする地域の人口を単純に総和したものが多い。ポルトガルとブラジルでは、ポルトガル語以外の言語を使用する人口が極めて少ないので、問題にならないが、他の地域の言語状況は一様ではない。現時点で、話者数に関する信頼出来る統計や研究は存在しない。

　断片的な情報として、1974年以前にはアフリカでは人口の約3割程度がポルトガル語を使用出来たとか、21世紀に入りアンゴラのポルトガル語母語話者が人口の4割程度であるとする研究や、カーボ・ヴェルデやサントメ・プリンシペはポルトガル語クレオールが現地語なのでポルトガル語の普及度は高いとか、ギニア・ビサウと東チモールではポルトガル語話者は極めて少ないなどが言われている。

ポルトガル語が社会的な公用語の第二言語で、母語話者と準母語話者との区別があいまいな場合は多い。今後、国勢調査など正確な統計が得られると予想される。

　インドのゴアや中国のマカオ、マレー半島の一部などかつてポルトガル語が存在し、現在もクレオール語など何らかの痕跡を残している地域がある。移民によってポルトガル語を話す人口が拡散し、カナダやアメリカ合衆国、南アフリカ共和国、ドイツやフランス、ルクセンブルクなどのヨーロッパ地域、さらに日本の一部でもポルトガル語の共同体が形成されている。

　ヨーロッパ、南米、アフリカのポルトガル語共同体の状況は多様であるが、ポルトガル語圏地域の特徴は社会経済的な後進性であると言えよう。20世紀後半から現在までの大きな社会的出来事は、1) ポルトガルの1974年の4月25日革命による民主化とEU加盟、2) 20世紀後半から始まったブラジルの急速な経済成長と中産階級の創出、3) ポルトガルの革命後に独立した旧植民地諸国での内戦の終結と社会の安定化、の3つであろう。以下、地域ごとに見てみよう。

ポルトガル

　ポルトガルの国境は13世紀後半にはほぼ画定されたので、ポルトガル語の分布と政治行政上の区分は、一部を除き、よく一致する。例外的に、ポルトガル語以外の言語が分布したのは、北東端のブラガンサを中心とする地域で、ミランダ語やリオノール語、グアドラミレス語など、

スペイン北部から分布するアストゥリアス・レオン語に分類される言語が存在していた。もともとは関係の近い隣接言語で、地域の話し手は従来よりポルトガル語とスペイン語を加えた3言語併用者が多く、ポルトガル語言語共同体の一体性が脅かされることはなかった。ポルトガルのポルトガル語は、南北に方言差は存在するが、一般的な相互理解は可能であるとされ、社会階層による言語差も小さい。ポルトガルのポルトガル語は極めて均質的である。例外は、大西洋上に存在するマデイラ諸島やアゾレス諸島などの島嶼方言で、島嶼方言内部、あるいは本土方言との間で相互理解が困難な場合がある。

ポルトガルは1974年の革命と1986年のEU加盟によって大きな社会経済的変化を被った。社会全体が豊かになり、民主主義が確立したことで表現の自由が謳歌された意義は大きい。1998年にジョゼ・サラマゴがノーベル文学賞を受賞したが、この頃のポルトガルにはサラマゴに匹敵するような作家や詩人はすでに相当数存在していたと言ってよい。EUからの資金の流入でインフラの部分的改善や好景気は見られたが、生産性の低い脆弱な経済基盤は改善されず、ポルトガルの社会的経済的な後進性はそのままである。しかし、教育水準が全体的に向上し、世界や過去の歴史的遺産に強い意識をポルトガル社会が持つようになったことで、ポルトガル文学は爛熟期に入っている。

前述したポルトガル国内に存在するアストゥリアス・レオン語のうち、ドーロ川源流のミランダ・ド・ドーロ郡で話されるミランダ語に対し1999年にポルトガル国会で地域での言語使用権を認める法律が可決された。ポルトガル語以外の言語の使用を公式に認めたのは歴史上初めてである（15世紀にポルトガル語の使用を義務付け、アラビア語やヘブライ語の公証文書への使用を禁じ、これに反した者は死刑にするという法律が出たことがあった）。現在、ミランダ語はポルトガル共和国の第二の公用語と喧伝されるが、誤りではないが、「国家の公用語」という表現が想起するものとは実態が異なる。隣国のスペインならば、このような法律は自治州レベルで、国家的な法制化には至らない。ポルトガルは国自体が小さいので、人口8000人強の地域で、その半分ほどの人々が生活の一部で用いることばの言語権が国会で承認されたのである。公用語化に伴う規範の確立や、それを推進する団体などの点では不十分である。規範の制定には正字法の確立と文法書や辞書の整備が必須だが、正字法は定められ実行に移されているが、文法書と辞書は初歩的なものが編纂されているだけである。

ミランダ語については、言語学的な観点から、スペイン国内、特にアストゥリアス自治州におけるアストゥリアス語に関する研究との突合せが実はますます必要である。アストゥリアス語は、それ自体がスペイン語とガリシア語、ポルトガル語との移行領域に広がる方言連続体だが、特にアストゥリアス州西部は、アストゥリアス語の西部方言からガリシア語への中間領域を形成し、その関係でミラ

ンダ語やリオノール語などをそのスペクトルのどこに位置づけるかという点が問題になる。加えて、中世のポルトガル語の文献にはアストゥリアス・レオン語的特徴が多くみられ、これらの領域は包括的に扱う必要があるが、皮肉にも、ナショナルな障壁や偏見はまだ残っているのである。

ブラジル

　ブラジル語なのかポルトガル語なのかがよく話題にされるが、過去の議論はさておき、現代のブラジルでは、少なくとも教養のある人々の口から「ブラジル語」という言葉が原語で発せられることはない。português「ポルトガル語、ポルトガル語の、ポルトガル人」という単語は両国の公用語をさし、brasileiro は「ブラジルの、ブラジル人」という意味でしか用いられない。ただし、português の発音そのものはポルトガルとブラジルで少し異なっていて、両国のポルトガル語は音声、文法、語彙のレベルのちがいがあり、相互理解に支障をきたす場合も多い。

　一般に、ポルトガル人はブラジルのポルトガル語をよく理解し、ブラジル人は逆に聞き取ることすらできないと言うが、これは発音に偏った表面的な観察である。文化的社会的条件が異なればこの2つの変種は別の言語であったろう。従来、ブラジルのポルトガル語は文法構造の面で社会的階層差が大きかったので、教育を受けた階層が用いる「教養ブラジルポルトガル語」と下層民衆が用いる「民衆ブラジルポルトガル語」に二極分化していて、この両極のあいだに無数の変種が存在すると言われて来た。これは識字率が9割の、教育が十分普及していない国の現状を反映していると言える。しかし、21世紀にかけてブラジルの経済発展はめざましく、一時は中産階級が国民の40％を超えたと報道されたこともあった。前政権の対貧民政策の効果もあり教育の普及、向上には成果が挙がっている。その効果はすぐには現れないが、ブラジルポルトガル語の規範の確立と均質化にはそれなりの貢献があるだろう。

　ただし、現在のブラジルは以前の好景気と2014年のワールドカップやオリンピックなどバブル的な物価上昇と世界不況後の経済の後退によって社会的不満が鬱積した状態にある。先日のルセフ大統領の弾劾裁判と罷免劇は、ブラジルの政権を把握してきた左翼勢力に対し危機感を募らせていた右派が、社会不安を利用して民主的に選ばれた大統領を追放するという民主主義に逆行したプロセスであった。副大統領から就任したテーメル大統領は、金銭汚職で選挙には立候補出来ないが、副大統領から大統領に昇格する規定には抵触しなかったという。

　ルセフ大統領が罷免された遠因は、エリートで（経済学者で、ルーラ前政権の経済政策の実質的策定者）、非宗教的で（本人が無神論者かどうかは別にして、もとはマルクス主義者で教会からは遠い）かつ女性であるからと述べる者すらいる。いずれにせよ、奥地で生産された作物を市場に運ぶと道路環境が劣悪で市場に着くまで半分がなくなってしまうと、冗談めいて言われる、経済基盤の弱

さをブラジルはまだまだ引きずっていくのである。

アフリカ諸国

2007年に当時のアンゴラの大統領が母語話者も増えてきたのでポルトガル語をアンゴラの国語の1つに加えてもよいのではと演説し賛否両論になったことがある。この「国語」については説明を要するが、ポルトガル語圏アフリカ諸国ではポルトガル語は「公用語」で、「国語」ではない。「国語」はもともとのアフリカ系の諸言語やポルトガル語クレオールをさし、大多数の人々の母語である。しかし、社会が安定化し発展するに伴い、都市に人口が集中し、母語の異なる人々の混淆から世代交代が進むと次第に公用語のポルトガル語を母語とする人々が増えてくる。特に、アンゴラはかつて植民(搾取)者であったポルトガルに対する反感が世論では支配的であった。いずれにせよ、言語学的には、それぞれの国でアンゴラポルトガル語やモザンビークポルトガル語などの言語変種を認めなければいけなくなるだろう。この種のポルトガル語に関する記述研究も近年は整備されているので、教育や学習に応用できる日も遠くない。

アフリカのポルトガル語を考えるもう1つの要因として、ポルトガル語から形成されたクレオール語が存在するかどうかがある。カーボ・ヴェルデとサントメ・プリンシペにはクレオール語が複数存在し、公用語のポルトガル語と共存しているが、人々はそのいずれかを母語とするので、ポルトガル語の通用度は高く、今度はクレオール語が脱クレオール化される危険に晒されている。ところが、ギニア・ビサウは現地のアフリカ諸語とポルトガル語クレオールが存在し、後者が母語の異なる人々の通用語として用いられているため、逆にポルトガル語の通用度が低く、周辺諸国との関係からフランス語が比較的よく話されるというねじれが起きている。

ポルトガル語圏を総称してルゾフォニア lusofonia と呼ばれることがある。言語圏の一体性を強調する表現であるが、近年の動向はむしろ逆で、ブラジルとポルトガルの1言語2規範から、さらにアフリカ諸国を加えた多極化へ向かっている。言語文化的な共通基盤はあるので、ポルトガル語という共通認識は変わらないであろうが、かつてのようにアフリカ諸国のポルトガル語はポルトガルの規範に基づくといった単純な事実認識は崩壊しつつある。

この lusofonia という用語はルジタニア Lusitânia という語に関係するが、これはローマ帝国時代の属州の名称で、現在のドーロ川以南のポルトガルをほぼ含んだ地域である。20世紀前半にはポルトガル語はかつてのローマ時代のルシタニア(ラテン語発音)のラテン語が俗語化し変化したものと言われたが、現在では、ドーロ川以北の半島西北部のラテン語が南下したことからポルトガル語が成立したとされている。そもそも、ルシタニア人がポルトガル人の祖先というのは16世紀あたりの国家神話で、いわばポルトガルの帝国主義的拡張と表裏をなしていたのだ。(くろさわ・なおとし)

やさしい日本語

荒川洋平

日本語
［主な使用地域］日本
［母語とする話者数］約1億2000万人
［文字］仮名（平仮名・片仮名）・漢字

　本稿では、ほとんどの読者にとっての母語である日本語について考えます。
　世界の諸言語を調査している『エスノローグ』誌によると、日本語の母語話者数は世界9位であり、5千以上もあるとされる言語の中で、トップクラスの規模を誇ります。
　しかしこれは日本の人口を反映した数字であり、外国語として日本語を学ぶ人の数は、国際交流基金の調査では、400万人弱とされています（2013年度）。この数は、日本語の母語話者数のわずか3パーセントに過ぎません。同誌では日本語の下にランクされるドイツ語の学習者が約2000万人であることを考えると、いささか見劣りする数字です。
　ある国の言語を外国人が学んでくれることは、その国を理解してもらい、親近感を抱いてもらうのに絶好の方策であり、広い意味での安全保障にもつながります。それゆえ、日本政府には外国人の日本語学習者に対する支援をお願いしたいところです。
　しかし、それだけでは十分とはいえません。もっと大切なのは日本語の母語話者が外国人との日本語を使ったコミュニケーションに対してまっとうな見解を持ってそれを実践することです。いわば、草の根レベルでの日本語学習の応援、支援です。
　敬語の難しさや外来語の氾濫は、日本語が直面する大きな問題です。しかしそれらは日本の国内での言語問題、内なる問題です。本稿では、国際的なコミュニケーションの道具として日本語をどう使うかという、日本語と世界との関わりについて見ていきます。

外国人と日本語で話す難しさ

　今の10代、20代の日本人は、外国人と英語で口頭コミュニケーションをとることに、さほど心理的な抵抗はないようです。これは ALT の配置や運用中心の英語教育への切り替えが功を奏した点であり、一定の評価ができることです。
　けれども年代を問わず、外国人と日本語で話すことには、日本人はまださほど習熟していないように思えます。母語である日本語を使えばいいのだから簡単に思えるかもしれませんが、外国語として日本語を話す外国人からは、少なからず不満の声を聞きます。応用言語学の用語を使うと、日本語母語話者と非母語話者との接触場面で、いくつかの問題が生じていることになります。
　いくつか例を挙げてみましょう。
　まず、ごく簡単な日本語を話したに過ぎないのに、「日本語が上手ですね！」と過度に賞賛される例があります。ところがこの「上手ですね」は「外国人にしては」という留保がつきます。それゆえ、上手だと褒められたはずなのに妙にゆっ

くり話されたり、「おはし、大丈夫？」などとお決まりの心配をされたりなど、不愉快な経験をした外国人が少なからず存在します。

また逆に、東アジア出身で日本人と顔立ちが似ている外国人が日本語を話すと、それこそ本当に日本語をマスターしていると考えてしまいます。その結果、わずかな助詞の使い分けの間違いや敬語の誤用も許さず、厳しく直されてしまった、という事例もよく耳にします。

さらに西欧系の外国人の場合、買い物の際に自分がせっかく日本語で話しかけているのに、店員が普通に反応してくれず、なぜか英語担当要員がやって来て英語で答える例もあります。

これらの問題のほとんどは、別に日本人が日本語を話す外国人に敵意を持っているとか、意地悪をしているわけではありません。原因は、私たちが外国人との外国語によるコミュニケーション以上に日本語によるコミュニケーションに経験がなく、不慣れであるという状況にあります。しかし、何の悪意もないことは、その無邪気さゆえに、解決にはかえって多くの問題が横たわっています。

「ことばのおもてなし」再考

前節の状況を、たとえばアメリカにおける英語と比べてみましょう。

アメリカは移民が作った国家であり、今なお多くの移民を受け入れています。移民当初はさほど英語ができないのが普通ですから、普通のアメリカ人はスタンダードな米語ではない、日本人の耳には奇妙に響く英語に慣れています。それゆえ、そこで重要なのは、発音やイントネーションといった話し方の様態ではなく、何が話されているかという話の内容であり、アメリカ人は一般に英語が通じにくい相手にはゆっくり話したり、確認を取ったりすることに非常に我慢強く対応します。

ただし、母語話者の接触場面であれ、母語話者と非母語話者との接触場面であれ、原則としてそこで用いられる言語は英語です。中米・南米からの移民が増えた西海岸ではスペイン語が用いられることがありますが、それは米国全体ではあくまで特殊な状況です。言い換えれば、アメリカでは誰が来ようとも英語で対応することが標準であり、その軸だけはブレることがありません。そしてこれはアメリカに限ったことではなく、外国人が自分の国に来たときはその国で話されていることば、すなわち自分たちの母語で対応するというのは当然です。

外国人観光客に対する、いわゆる「おもてなし」をどう現実化するかは、さまざまな所で議論がなされていますが、言語の対応についても看過できません。ここで忘れてはならないのは「外国語でコミュニケーションを取ることは、巧拙にかかわらず旅の愉しみである」という視点です。たとえば日本人である私たちがモロッコあたりに旅行をし、カタコトでもアラビア語で現地の人と話ができれば、用事が足せた安堵感や異文化に触れた達成感などで、忘れられない思い出になるはずです。ということは、仮に来日した観光客が日本中どこへいっても自分の母語で案内され、説明され、供応され

たら、それはこの人たちから旅の愉しみを奪ってしまうことになりかねません。それは「おもてなし」の理念からは逸脱した、過剰な気遣いなのではないでしょうか。

グローバル化と「奇妙な日本語」？

社会学者であり、比較文化の著作も数多い加藤秀俊氏は日本語国際センターの所長であったころ、当時そこで講師をしていた筆者に「日本人はソトの文化を取り入れて自分たちで改良することは大好きだが、ウチの文化を外国へ出すのは好きじゃないし、それが改良されることはもっと好きじゃない」と述べたことがあります。

確かに、思い当たるところはあります。家電品や自動車を改良して輸出するのは20世紀の日本のお家芸とすら言えるビジネスモデルでしたし、卑近な例で言えば南イタリアのナポリに行っても絶対にお目にかかれないスパゲティ・ナポリタンなどはその嚆矢でしょう。一方でウチのものを変えられることを拒む例も、大相撲の力士を日本人に限ろうとか伝統的な和食の基準を作ろう、などという動きによく現れています。

日本語という日本文化の要素にも、その感覚は色濃く残っており、それが日本人の言語風土を構成しているのかも知れません。日本語を話す外国人を子ども扱いするのは、こんな精妙な言語を使えるはずがない、という思い込みであり、逆に厳しく直すのは、ソトの人によって日本語を間違って使われたくない、という表れだと考えられます。

しかし、文化はそれが良いものであれば、必ず世界中に伝播し、人びとの日常を豊かに彩ります。そしてその過程で元の形が変わり、それぞれの人に使いやすく改良されるのは必然です。日本文化や日本語だけは純粋な形を守ってくれないと困る、というのは説得力がありません。漢詩を返り点で読み、カタカナ語を貪欲に取り入れ、西洋文化をさんざん取り入れてきた日本にとっては、いまは日本文化や日本語をソトに向けて寛容に「ひらく」時が来たのです。

海外の寿司にパイナップルが乗り、外国で日本アニメの現地版が作られるように、日本語もまたもっと多くの人に学ばれ、使われることになるでしょう。グローバル化の本質とは誰もが英会話ができるようになることではなく、互いの文化を認め合い、その「いいとこどり」を認めるプロセスに他なりません。

もっと多くの外国人が日本語を学べば、もっと頻繁に、わたしたちは「奇妙な日本語」を耳にする機会が多くなります。彼ら・彼女たちが口にする奇妙なアクセント、変わった造語、耳慣れない表現をいちいち咎め立てしても、その変化を止めることはできません。たとえば日本人が大好きな本場のアメリカ英語だって、イギリス英語から分離して200年で出来上がったわけです。日本語が国際化する過程をおおらかに見守り、学んでもらい、使ってもらおうとする鷹揚さこそ、今の日本人に最も求められている対応ではないでしょうか。（あらかわ・ようへい）

『君の記憶』の記憶

萬宮健策

ウルドゥー語
[主な使用地域] パキスタン、北インド
[母語とする話者数] 約6000万人
[文字] 35文字からなるアラビア文字

　ウルドゥー語は、インド・ヨーロッパ諸語のうち、ヒンディー語やベンガル語と同じ「インド語派」に属する言語である。北インド、すなわちヒンドゥスターンで話されていた言葉の総称としてのヒンドゥスターニー語が、現在のウルドゥー語のもとになっていると考えられる。28文字のアラビア語、32文字のペルシア語に対して、ウルドゥー語は35のアラビア文字を用いて表記される。反舌音や帯気音を表記するための文字が必要だからである。書体は、ペルシア語と同じナスターリーク体が主流だが、出版物ではアラビア語を表記するアラビア文字で知られるナスフ体もよく用いられる。

　英領期に宗教と言語、あるいは民族と言語が複雑に絡み合った政治運動が展開すると、アラビア語やペルシア語の語彙を多用し、アラビア文字を使用するウルドゥー語と、サンスクリット語から多数の語彙を借用し、デーヴァナーガリー文字を使用するヒンディー語が分離した。この結果、日常会話レベルではほぼ同一でありながら、異なる文字を使う2つの言語が存在することとなった。

　類似の現象はほかにもある。パキスタン北東部からインド北西部にかけて話されているパンジャービー語は、パキスタンではアラビア文字、インドではグルムキー文字で表記される。また、スィンディー語もパキスタンではアラビア文字だが、インドではアラビア文字とデーヴァナーガリー文字の両方で表記される。いずれも、話者が信仰する宗教や居住する地域の環境が、どの文字を習得するかの決め手となっている。

ウルドゥー語の公的な位置

　インドでは連邦レベルの公用語はヒンディー語および英語と規定されているが、デリー首都圏、ウッタル・プラデーシュ州、ジャンムー・カシミール州、ビハール州、テランガーナ州では、ウルドゥー語も州公用語となっている。これらの地域・州を中心に、ウルドゥー語を母語とする人が約5100万人いるとされる（2001年国勢調査）。しかし、インドではアラビア文字を日常的に用いる環境がほとんどないため、アラビア文字の読み書きができないウルドゥー語話者が増加している。

　他方、パキスタンにおけるウルドゥー語は、イギリスからインドとともに分離独立した際に、インド側から移住してきた人びとの言語という位置づけであった。パキスタンを構成する4つの州、すなわちパンジャーブ州、スィンド州、バローチスターン州、ハイバル・パフトゥーンハー州では、大多数の住民の母語は、それぞれパンジャービー語、

スィンディー語、バローチー語、パシュトー語であり、ウルドゥー語を母語とする人は総人口の約7％にすぎない。しかし、ウルドゥー語は憲法で国語（national language）と制定されており、総人口の95％が理解する。従って、パキスタンのほぼ全域でウルドゥー語が通用すると考えてよい。ウルドゥー語は共通語としての役割を担っているのである。

パキスタン映画史素描

パキスタンでは、1947年にパンジャーブ州の州都ラホールに映画撮影所がつくられ、映画制作が始まった。翌年8月にウルドゥー語映画『Teri yaad（君の記憶）』が公開されて勢いづくと、1950年代には年間10〜20本のウルドゥー語映画が制作、公開されるようになった。第三次印パ戦争（1971年）を挟んで制作本数は減少したのち、イスラーム化を推進したズィヤーウル・ハク政権の時代（1977-88）には興行税（entertainment tax）が導入され、業界は大打撃を受けた。同時期に、ビデオデッキの普及や海賊版メディアの蔓延などによって映画館が減少したことから、制作本数も年間数本程度に激減し、パキスタンの映画産業は衰退の一途をたどることになった。

しかし、1990年代になると、ラホールはロリウッド（Lollywood）と呼ばれるほど映画産業が盛んな都市となった。そして21世紀に入ると新たな動きが始まる。低予算をものともせず、コンピュータを駆使して良質な作品をつくる若い監督が出現するとともに、衛星を使った民間テレビ局が開局し、映画産業に参入し始めたのである。デジタル化したシステムを導入した映画館も、パキスタン各地にできた。さらに、スィンド州の州都であり、パキスタン最大の商業都市カラチが、ラホールとならんで映画産業の新たな拠点となった。ウルドゥー語映画の公開本数は2000年以降、平均して1年に10本程度であり、決して多いとは言えない。だが、娯楽映画だけでなく、メッセージ性の強い社会派の映画も制作されており、海外での注目度も高まっている。以下、いくつか紹介しておこう。

Jinnah（ジンナー）（1998）

ジャミール・デヘラヴィー（Jameel Dehlavi, 1947-）監督。日本未公開。パキスタン建国の父ムハンマド・アリー・ジンナー（1876-1948）の生涯を描いた作品。この作品以前に、映画でドラキュラ役を演じたクリストファー・リー（1922-2015）がジンナーの役を演じたことが、パキスタンでは話題の1つとなった。リチャード・アッテンボロー監督の *Gandhi*（1982、邦題『ガンジー』）におけるネルーやガンディーの描き方とは異なっているため、対比しながら鑑賞するのも一興だろう。

Khamosh Pani: Silent Waters（ハーモーシュ バーニー）（2003）

サビーハ・スマル（Sabiha Sumar, 1961-）監督。日本未公開。2003年ロカルノ国際映画祭（スイス）で主演女優賞等を受賞した作品。舞台は1970年代後半のパキスタン側パンジャーブ。ズィヤーウル・ハク政権がイスラーム化を推進し、隣国アフガニスタンにソ連が侵攻

した激動の時代に翻弄される母親と10代の息子の姿が克明に描写されている。

Ramchand Pakistani（ラームチャンド　パーキスターニー）(2007)

メヘリーン・ジャッバール（Mehreen Jabbar, 1971 -）監督。日本未公開。印パ国境付近に暮らすパキスタン人ヒンドゥー教徒の子どもが、遊んでいるうちに国境を越えてしまう。息子を探していた父親もインドに侵入してしまい、親子はスパイ容疑でインドの刑務所に収監される。夫と子供に何が起きたのか分からないまま、ひたすら帰りを待ちつづける女性の苦悩を描いている。

Khuda Kay Liye（フダー　ケ　リェー）(2007)

ショエイブ・マンスール（Shoaib Mansoor, ?-）監督。2008年福岡国際映画祭で福岡観客賞を受賞した作品。邦題は『神に誓って』。音楽活動を行うパキスタン人兄弟が、テロリストにコンサートを妨害されたことにより、別々の道を歩み始める。兄は音楽活動を続けるため渡米するが、9.11でテロリスト扱いされ、拷問を受けて自分を見失ってしまう。一方、パキスタンに残った弟はターリバーンの思想に傾倒し、音楽活動から離れていく。彼らの経験を通して視聴者にイスラームとは何かを考えさせる良作である。

Bol（ボール）(2011)

ショエイブ・マンスール監督。2012年福岡国際映画祭で福岡観客賞を受賞した作品。邦題は、『Bol～声をあげる～』。死刑宣告を受けた女性が、メディアに対し、人生を公にしてほしいと願い出る。彼女の生涯を通して、パキスタン社会の表面化しにくい部分を明らかにしようとしている。

Saving Face (2012)

シャルミーン・ウバイド・チノイ（Sharmeen Obaid Chinoy, 1978-）、ダニエル・ユング監督。第84回アカデミー賞で短編ドキュメンタリー賞を受賞した作品。2012年に『セイビング・フェイス　魂の救済』という邦題で日本でも公開された。夫から顔に硫酸をかけられた女性の治療に当たる英国人形成外科医の姿を追いかけている。

Song of Lahore (2015)

シャルミーン・ウバイド・チノイ、アンディ・ショーケン監督。2015年トライベッカ映画祭（米ニューヨーク）ドキュメンタリー部門観客賞を受賞した作品。2016年に『ソング・オブ・ラホール』という邦題で日本でも公開された。ラホールを拠点とする音楽集団サッチャル・ジャズ・アンサンブルが、アメリカでウィントン・マルサリスらとのセッションを実現するまでのドキュメンタリー。

映画で占う印パ関係

パキスタンでは、1952年から続いていた国内でのインド映画上映制限が2006年に緩和された。公開されるインド映画の作品数は年ごとに増え、2015年にはボリウッド映画の大ヒット作品 *Bajrangi Bhaijaan*（バジュランギー・バーイージャーン）(2015) も上映された。インド人人気俳優サルマーン・ハーン演じるヒ

ンドゥー青年が、母親とはぐれたパキスタン人ムスリム少女を母の元に返すまでの冒険物語である。パキスタンの様子が好意的に描かれていたため、パキスタンでも大ヒットを記録した。

　冒頭でも述べたように、ウルドゥー語とヒンディー語は日常会話レベルではほぼ問題なく意思疎通のできる言語である。ボリウッド映画には、パキスタンや北インドで広く通用する口語が用いられており、その言語をウルドゥー語と呼ぶのかヒンディー語と呼ぶのか、線引きは非常に難しい。換言すれば、ウルドゥー語の知識があれば、ボリウッド映画も十分に楽しむことができるのである。このことはインド人とパキスタン人の交流が、映画を通してなされていることとも無関係ではない。最近ではインドでも、上述の *Khuda Kay Liye*、*Bol* などに代表されるパキスタン映画が上映されるようになり、好評を博している。（まみや・けんさく）

ハイダラーバード市内にある聖者廟の注意書（英語、テルグ語、ヒンディー語、ウルドゥー語）

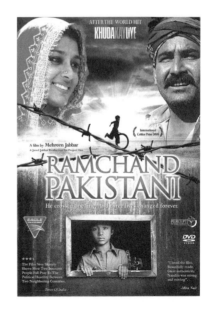

映画『ラームチャンド　パーキスターニー』のDVDのジャケット

同じ世界の異なる見方

加藤晴子

中国語
[主な使用地域] 中国大陸、香港、台湾、東南アジア、世界各地のチャイナタウンなど
[母語とする話者数] 約12億人（方言話者を含む）
[文字] 漢字

動詞の対訳語

言うまでもなく、ある言語の1つの語は、いつも他の言語の1つの語に対応する訳ではない。今、試みに、手近な中日辞典で、ある動詞、例えば"擦 cā"を引いてみると、次のような多岐にわたる語釈がついている。

　　1 摩擦する．こする．
　　2（布類で）拭く．ぬぐう．
　　3 塗りつける．すりこむ．
　　4 かすめて通過する．すれすれに通過する．
　　5（ウリやダイコンなどを）おろす．摺る．

　　　　　　　　　（『中日辞典』小学館）

具体的な名詞に結びつけば、「窓を磨く」「黒板を消す」「ペンキを塗る」「テーブルを拭く」等に対応する。これらの訳語の広がりを見ると、これらすべてを網羅する基底の意味を考え、例えば"擦"の基本的な意味は「平面に沿って摩擦を伴う往復運動をする」ことだ、などとしたくなる。

ここでは一歩進めて、なぜ中国語ではこのような基底の意味を設定し、これらを1つの動詞にまとめるのかを考えてみよう。これを考えることによって、中国語特有の物事の捉え方、世界の見方がうかがえる筈だからである。そのためには、対照的な中日の対応を探しだすのがよい。そこで、今度は日中辞典で「きる」を引いてみる。

　　[ナイフ・包丁・メスなどで] 切 qiē
　　[はさみで] 剪 jiǎn、铰 jiǎo
　　[のこぎりで] 锯 jù
　　[斧などを振り回して] 砍 kǎn
　　[なたなどでたたくように] 剁 duò
　　[上から真っ二つに] 劈 pī
　　[刈り取る、切り取る] 割 gē
　　[こするようにして] 划 huá
　　[長いものを] 截 jié、断 duàn
　　[切り開く] 剖 pōu
　　[生命を奪う] 杀 shā

　　　　　　　　　（『日中辞典』小学館）

日本語の「きる」1語に対し、中国語で複数の動詞が対応するのは、一見、先の"擦"の場合とは逆のようであるが、両者をあわせて考えると、中国語では、動作の型＝見た目が似ている動作を1つの動詞にまとめ、日本語では、動作の目指す結果＝意図が同じである動作を1つの動詞にまとめるのではないか、という結論に至る。つまり、「平面に沿った摩擦を伴う往復する」動きに見えるものはすべて"擦"で表し、その結果、窓がきれいになるのか、黒板の字が消えるのか、ペンキ

が付着するのか、……などについては無頓着なのが中国語で、「モノが2つ以上の部分に分離される」結果をもたらすものはすべて「きる」で表し、そこにいたる動きが、手先の動きか全身の動きか、前後の動きか上下の動きか、……などについては無頓着なのが日本語だ、と思われてくるのである。

同様の例は、他にも探しだすことができる。例えば、"倒 dào" という動詞は、「容器を逆さにして中身を空ける」という基本的な意味を持ち、その広がりとして、以下のような訳語に対応する。

〔急須を逆さまにすることによって、茶を〕淹れる
〔徳利等を逆さまにすることによって、酒や水を〕注ぐ
〔ゴミ箱を逆さまにすることによって、ゴミを〕捨てる

一方、日本語の「もつ」に対し、中国語ではどのような持ち方をするかによって、いくつかの動詞を使い分ける。

〔皿などを水平に〕端 duān
〔両手ですくいあげるように〕捧 pěng
〔二人以上で大きなものを〕抬 tái
〔盆などを片手で〕托 tuō

外からか、内からか

さて、ここから、この文章が論文でないことに力を得て、少し大胆に踏み込んでみよう。

上に見た、見た目重視の中国語と、意図重視の日本語との違いは、中国語では、外からの「見え」を述べようとするのに対し、日本語では、人物の内面に入り込み、内からその「意図」を述べようとするところに因るのではないか。

このような違いは、英語と日本語についての、川端康成『雪国』の冒頭部分を例とした、おなじみの説明に相通ずる面を持つと考えられる。

国境の長いトンネルを抜けると雪国であった。
The train came out of the long tunnel into the snow country.（サイデンステッカー訳）

作者が物語内の人物と共に汽車に乗っており、読者もまた、同じ目の高さで追体験する、というのが日本語原文から浮かぶ情景、それに対し、作者が汽車やトンネルの外、上のほうから見おろすというのが英語訳文から浮かぶ情景である（金谷武洋『日本語は敬語があって主語がない』光文社新書）。

この部分の中国語訳は、数種類ある（北京日本学研究センター「中日対訳コーパス」より、〔 〕内は筆者による逐語訳）。

穿过县界长长的隧道，便是雪国。〔県境の長いトンネルを抜けると、雪国であった。〕

穿出长长的国境隧道就是雪国了。〔国境の長いトンネルを抜けでると雪国となった。〕

穿过县境上长长的隧道，便是雪国。
〔県境の長いトンネルを抜けると、雪国であった。〕

この例から見ると、ほぼ日本語のイメージのままであり、外からか内からかの捉え方の違いは、いかにも西洋と東洋の違いのようにも感じられる。
しかし、一方で、日本語と中国語の隔たりを感じさせる例もある（同上コーパスより、〔　〕内は筆者による逐語訳）。

这时窑外的一个班不知出了什么事，笑嚷声震吼天响。老师<u>出来</u>猛吼几声，抓出一个来问，才知～。(《插队的故事》)〔～。教師が<u>出てきて</u>怒鳴りつけ、ひとりを捕まえて問い質すと、～。〕

この時、外のクラスで何事か起きてどっと笑い声があがった。教師が<u>出ていって</u>怒鳴りつけ、ひとりを捕まえて問い質すと、〜とわかった。

"窑洞（ヤオトン：中国の華北、中原、西北地方などに見られる、切り立った黄土の崖に横穴を掘り、住居等にするもの)"の中からの描写が続いている箇所であるが、中国語原文では"窑洞"の中と外を同じように扱い、全体を平等に眺めるような見方をしているため、下線部は"出来（出てくる）"でも"出去（出ていく）"でも可である。日本語訳文では、一貫して"窑洞"の中からの描写に統一されており、下線部「出ていって」を「出てきて」にすることはできない。

雨が降れば娘が迎えに来て<u>くれま</u>す。(『雪国』)

要是下雨，女儿来接。〔もしも雨が降れば、娘が迎えに来ます。〕

要是下雨天，女儿来接我。〔もしも雨の日であれば、娘が私を迎えに来ます。〕

要是下雨，女儿会来接我。〔もしも雨が降れば、娘が迎えに来ることになっています。〕

日本語原文では、「くれる」を加え、話者が自らの立場から娘の迎えを恩恵と捉えた表現をしており、これを単に「娘が迎えに来ます。」としては、何か他人事に感じられるが、中国語ではこの場合、恩恵を示す言葉を挟むようなことは普通しない。

私はごく普通の公立の学校に入りたかったの。ごく普通の人が行く、ごく普通の学校に。〔中略〕でも親の見栄であそこに入れられちゃったのよ。(『ノルウェイの森』)

我本想进普通公立学校来着。普普通通老百姓就该去普普通通的学校嘛，〔中略〕可父母出于虚荣心，偏偏把我塞去那里。〔私は普通の公立の学校に入りたかった。普通の人はごく普通の学校に行くべきでしょ。〔中略〕

でも親が見栄で無理に私をあそこに押し込んだ。〕

　日本語原文では、話者が一貫して自らの立場から出来事の経緯を述べるために、「入れられる」という受身の表現を採用している。それに対し中国語訳文では、「押し込む」という動作の主体として「親」を据え、部分的に「親」の側からの表現を採用している。外から全体を眺めているため、立場の行き来が可能なのである。

外国語を学ぶ意義

　ここまで挙げた「くる」と「いく」や、やりもらい、受身の表現の使い方から、中国語には外から全体を眺めた叙述をする傾向があり、日本語には人の内面から物事をみつめる叙述をする傾向がある、という違いがあることが見て取れる。同じ東アジアに隣り合って位置しながら、中国語と日本語とで、世界の捉え方が同じでないことを認めざるを得なくなる。

　ここで特筆すべきは、彼我の世界観がこのように異なるのを知ることができたのは、中国語を学び、日本語との違いに気づいたからに他ならない、という点である。中国語を学ばなければ、こうした気づきはなく、中国語で世界がどのように捉えられているかを知ることもなかったのである。

　ここに思い至れば、外国語学習を取り巻く構図が、母語を異にする者同士、互いに英語を学んで英語で意思疎通を図ればよい、といった単純なものでは済まなくなることが浮かび上がってくる。つまり、中国語を学んでみないと、中国人の世界の見方が日本人と異なることを体感することはできないのである。互いの感覚の違いを知った上でつきあうほうが、よりよい関係を結べるのは言うまでもない。

　複数の言語を学ぶということの意義は、いろいろあろうが、こういったことも1つに数えられる。多くの異なる言語を学ぶにつれて、より多くの異なる世界の捉え方を知ることができるようになり、複眼的な見方、柔軟な感性を身につけることができるようになるのである。
（かとう・はるこ）

変わるものと変わらないもの

鈴木玲子

ラオス語（ラオ語）
［主な使用地域］ラオス、東北タイなど
［母語とする話者数］約2600万人
［文字］ラオス文字

　ラオスは東南アジアの海のない内陸国である。国土は日本の本州ぐらい、人口は東京の半分を少し下回る。東南アジア大陸部では唯一、日本からの直行便がなく、タイのバンコクか、ベトナムのハノイ経由で入国することが多い。そういうわけなので、この国に独自の文字を有する「ラオス語」という言語が公用語として通用していることを知る人は多くはないかもしれない。ちなみに「ラオス」は通称で、正式な場面では「ラオス人民民主共和国」を使う。かくいう言語名も、「ラオス語」「ラオ語」「ラーオ語」といろいろな言い方があるが、本稿では「ラオス語」と呼ぶことにする。

身近で大切なもの

　ラオス語の世界でも、使用地域に暮らす人々と関係が深く、他から弁別する必要があるものは、特別な語彙を使用する。

　例えば、人間を含む全ての動物の「鼻」は「ダン」と言うが、ゾウの鼻だけは「ングアン」と言う。ラオスでは古来より、ゾウは大変身近な動物で、歴史的には戦車や王の乗り物として大切に取り扱われ、王家の紋章でもあった。現代にいたるまで働き手として人々に愛され続けているゾウ。その鼻は、単なる呼吸器官ではなく、木材を運んだり、高木の果樹をとる「手」である。つまりゾウの鼻は他の動物のそれとは大いに働きが異なるものであるので、語彙も特別なのだ。

　次に植物について言えば、ラオス語でも一般に、「○○の葉」は、植物名をそのまま使って「パパイヤの葉」などと言う。けれども「バナナ」の葉は、「クィ（バナナ）」を使わずに、「バイ・トーン」と独特な表現を使用する。「バナナの葉」は、古くから衣服やお皿、包み紙、籠として重宝されてきたからだ。先のゾウの鼻と同様に、利用価値が高く、日常生活に密着したものであると言える。

いろいろなカエル

　日本人にカエルの鳴き声を言ってください、と言うと、「知らない」という人もいれば、しばらく考えて「ケロケロ」「ゲロゲロ」「グワッグワッ……」などと言う。そしてそのイメージは？　と聞くと、自信なさそうに「ケロケロは小さくてグワッグワッは大きい感じがするから、カエルのサイズが違うかな」という答えが返ってくる。一方、ラオス語にはとても多くのオノマトペ（擬声語・擬態語）があり、老若男女、スラスラ答えてくれる。トラフガエルは「オップオップ」、何匹もいると「エンエン」、ヌマガエルは「エップエップ」、「イックエック」、アマガエルは「アーク、アーク」、アジアジムグリガエルは「ウンアーン」、それか

ら……と続く。その鳴き声の違いは「サイズ」ではなく、「食べられるか、食べられないか」だ。おいしいトラフガエルは淡白な鶏モモ肉のような味であり、アジアジムグリガエルは大きくて肉厚だ。漢方薬としても貴重なものだとされている。また、田んぼに入って食用かどうか、聞き分ける必要があるので、このように様々に分けられているのだろう。

牛や水牛も牡牛、牝牛、子牛では鳴き声が異なる。アリの種類も豊富で、その中でもスープに入れて酸っぱい味を出すアリの歩く音も大切だ。魚が罠に引っかかった音もある。

やはり「食」という動機づけは大きい。

仏教から社会主義まで

いつ頃かは不明だが、諸資料から遅くとも13世紀には上座部仏教がこの地に伝来していたと思われる。そのため、周囲の仏教国と同様に、ラオス語の中には仏教の経典語であるパーリ語からの借用語が豊富である。14世紀に建国されたラオ族初の統一国家「ランサン王国」時代に創作された文学作品中にも「ナーホック（地獄・奈落）」「プット（仏陀）」などがあり、これらは日本語と似ている。また、もともとラオ族は、中国雲南省辺りから南下してきた民族だ、と言い伝えられており、おそらく人やモノの南下とともに中古漢語由来の語彙も南下したと思われる。ただ、借用の時期が古すぎて、純ラオス語のように思っているラオス人も多いのだが、これまた我々日本人からすると、漢字の音読みから類推できるものがたくさんある。例えば「マー（馬）」「カンダイ（階段）」「ターン（壇）」「レォ（完了する）」などである。19世紀末には、ラオスはフランスの植民地として仏領インドシナに併合される。そのときに入ってきたと思われるのが、「カラワット（ネクタイ）」「パテ（レバーペースト）」「カレム（アイスクリーム）」「ピシン（プール）」などである。当時のラオス社会にはこのようなものが日常生活の中では存在せず、フランスの人たちによって持ち込まれたのである。

1953年にラオス王国として独立したが、同時にそれは右派の王国側と左派のパテートラオ（ラオス愛国戦線）側に分かれた内戦の時代の幕開けでもあった。後者のパテートラオが勝利を収め、1975年に現体制である社会主義国家が誕生する。ソビエト連邦の国家体制、マルクス・レーニン主義を見本とし、ソ連やベトナムとの往来が盛んになった。その結果、あまり語彙数は多くないが、ベトナム語由来の「ウィアック（仕事・用事）」「フー（米麺）」などがラオス語に入った。

その後、ラオスは市場開放政策をとり、西側諸国とも友好関係を築いた結果、多くのモノの流入とともに、そして、世界の情勢とともに、英語、英語のラッシュ到来である。「もしもし」は、フランス語由来の「アロー」から「ハロー」へ変わった。先述した「アイスクリーム」の「カレム」もほとんど使用されず、「アイティム」を使う。「プリント」「ショッピング」「ロジック」等、日常会話の中に英語の語彙がどんどん流入している。

このようにラオス語の借用語の世界をのぞくと、世界の情勢に左右される小さ

な国の実情を如実に表しており、興味深いものがある。

日々変化することば

言語が変化することは、当たり前なのだが、短期間で発音も語彙も変わるラオス語。一方でラオスの人々に寄り添い続ける語彙もある。まさに「ことばは人と共に生きている」を実感することができる言語である。その要因は、社会的変化や政治的変化など、言語外事実からのことが多いのだが、大原則は「伝達することが可能である限り、より簡単に合理的に変化する」である。したがって「蚊」は「ニューン」から「ニュン」、「サル」は「リーン」から「リン」と、意味の解釈に支障がなく、エネルギーも少なくて済むので、母音が短くなってしまった。そして発音の変化に伴って表音文字である文字の綴りも当然のように変わってしまった。また、ラオス語は声調言語であるが、その声調も日々変化しており、例えば「コー（〜も）」はその発音の変化と共にここ５年の間に ກໍ່ ⇒ ກໍ と声調を表す第一符号を書かなくなり、「ルアン（話）」は声調の揺れと共に第一符号と第二符号の揺れ ເລື່ອງ ⇔ ເລື້ອງ が起きている。

言語系統の話になるが、ラオス語はタイ諸語南西タイ語群に属するところまで認められている。同じ語群にタイ語があり、互いが方言ほどの差しかなく、語彙、発音、文字など、全ての面において非常に似ている。ラオス人なら誰でもタイ語がわかるかというわけではないが、国境を接するメコン河沿いの人々はタイ語を理解することができると言ってよい。

ここ近年の実際の語彙使用例を見ると、タイ語からラオス語へのとり込みがとても著しい状況にある。先に挙げた借用語の世界とも関係するが、「映画」はフランス語の「シネマ」が由来の「シネー」、ラオス語の「フープガオ」はもはや死語で、今はタイ語と同じ「ナン」と言うようになった。また、「テレビ」は「トーラパープ」から「トーラタット」、「帰宅する」は「カップムア・フアン」から「カップ・バーン」、「遊ぶ」は「リン」から「レン」、と言う具合にいずれもタイ語形を使用し始めている。言語使用に世代差が見られるのもラオス語の特徴であるが、概して高年齢層に比べ、若年中年層にその使用が多いようである。市場に並ぶシャンプーなどの加工品のほとんどがタイ製品であることやタイのテレビ番組を毎日のように観ている、ということがこのとり込みに拍車をかけている。

「標準語」「正しいラオス語」と警鐘を鳴らし、急激な言語変化に歯止めをかけようとする動きもある。ラオスには「言語は国家を表し、礼儀作法は家柄を表す」という有名な諺がある。ラオスの人々が「ラオス語」という言語を大切に敬愛している一種の言語ナショナリズムを表す諺と理解できなくもないが、このような心意気がある限り、これからも変化はあっても、ラオス語の本質が失われることはない。（すずき・れいこ）

受容する伝統

岡野賢二

ビルマ語
[主な使用地域] ミャンマー
[母語とする話者数] 約4600万人
[文字] ビルマ文字

　ここしばらく年に何度もミャンマーを訪れる機会に恵まれているが、その度ごとに旧首都ヤンゴンの町並みがどんどんと様変わりしていくのを目の当たりにする。幹線道路にある主要な交差点が立体交差になっていたり、新しい大型ショッピングモールがいくつもできていたり。2011年の民政移管以降、物質面でも精神面でもこれまでになかった自由をミャンマーの人々は謳歌している。

携帯端末の普及

　それを象徴する1つが都会における携帯電話（特にスマートフォン）の爆発的な普及である。海外の携帯電話会社3社が参入し、国営系の携帯電話会社と激しい競争を繰り広げている。私が留学していた頃（2000～02年）に携帯電話用SIMが公務員を対象に限定販売されたのだが、値段は150万チャット（当時のレートで約23万円）だった。確か当時の大学教授の月給が1万2000チャットだったから、いかに高額であったかが分かる。現在、SIMカードは1500チャット（現在のレートは1円＝約10チャット）、通話料金は1分20チャット前後で、同じキャリア同士なら10チャットを切る勢いである。

　ミャンマー人は音声電話をよく使い、SMSはあまり用いられない。誰かとコンタクトを取りたいなら携帯電話に電話する。公的機関にかけるのでさえ個人の携帯電話にかけるのが当たり前で、オフィスにある固定電話は今やほとんど意味をなさない。日本だと知らない電話番号からかかってくると警戒するが、ミャンマーではそんなことはない。仕事に、プライベートに、都会の人々の日常は携帯電話なしでは考えられないほどである。ついでに言うと、ミャンマー人はマナーモードをほとんど使わない。会議中でもしょっちゅう携帯電話が鳴る（しかもその電話に出る）。

　インターネットもまた現在はスマホでの利用がほとんどである。以前は町中でたくさん見かけたインターネットカフェは今ではすっかり姿を消したように見える。ホテルはもちろんのこと、大学内や飲食店、はては有名なパゴダ（仏塔）などの仏教施設内でもWi-Fi環境が整っているところさえある（なおパゴダの無料インターネット回線提供は回線会社によるお布施である）。

　インターネットといっても、使っているのはほとんどFacebookで、老若男女問わず、Facebookを楽しんでいる。聞いたところによるとミャンマーにおけるSNS利用の97%がFacebookだという。ニュースや情報などFacebookを通じて情報を得ていることが多い。ミャンマーは元々極端な「噂社会」であったが、その空間がFacebook上に大きくシフトし

た、ということだろう。

英語の流入

さてインターネット利用が大幅に拡大するとともに、ビルマ語にも様々な変化が生じてきている。その1つが Myanglish。これはシンガポールの Singlish のような英語の変種ではなく、正式にはインド系文字で書き表されるビルマ語を単にローマ字を用いて表記しようというもの。日本語のローマ字表記のような正式なものではなく（パスポートの名前表記には用いられない）、あくまでコンピュータや携帯電話端末でビルマ語が入力できないことに対する苦肉の策であった。

現在は携帯端末（主として Android 端末）でのビルマ語入力が容易になってきているためあまり見かけないが、使い続けている人もいるようだ。あるミャンマー人教員から「英文字で書かれているので、ビルマ語ができない人でも発音はできるだろう」と言われたが、残念ながらビルマ語の知識のない外国人にはとても読めた代物ではない。例えば "Myanglish nae yay ya mal !" は音声表記をするなら Myanglish nê yé-yâ-mɛ̀「Myanglish で書きましょう！」となる。しかし英語の知識からは mal を mɛ̀ とは読めないのではないだろうか（ミャンマー人は母音 [-ɛ] を表すのにしばしば -al/-el という綴りを用いるが、その理由は定かではない）。

もう1つはいわゆる「ネット用語」「Facebook 用語」の氾濫である。コンピュータ関連なので英語からの外来語が頻繁に用いられる（そもそも近代では英語以外の印欧語からの借用が相当に少ない）。そのような外来語の使用で興味深いのは動詞としての直接借用である。外来語は文物や概念とともに入ってくることが多く、名詞の借用はさほど珍しいことではないが、外来語を動詞としてその言語の中で直接使用するには文法的制約が強いと思われる。

日本語では漢語（名詞）に動詞形態「する」を後接させて動詞として使用するが、近代の借用においても「ストップする」などのように用いることが一般的である。外来語の形態をそのまま動詞としてしまうのは、日本語の場合は活用もあるのでかなり珍しいと言えるだろう。「ダブる」（< double）、「トラブる」（< trouble）、「バトる」（< battle）、「ググる」（< Google）など、なぜか元が動詞でないものが多い。（他にメモる、パニクるなどがあるが、これは「る」という形態を加えている点で異なる。）

ビルマ語の動詞は動詞専用の後置詞（日本語の活用語尾のようなもの）が後接して引用形式となる。例えば「食べる」を意味する形式は sá- であるが、これに動詞後置詞の1つである動詞文標識 -tɛ̀〈叙実〉がついて sá=tɛ̀「食べる／食べた」となる。念のため言っておくと、ビルマ語は日本語と違って後置詞と動詞とは形態的に明確に区別される。また音形がゼロの動詞後置詞もあるので、見た目は何もつかなくても動詞と考えねばならない。

動詞は動詞後置詞を伴って文内に現れる、ということは、見方を変えると動詞

後置詞がつく形式は動詞と見なされる、ということである。この「便利」な機能を利用して、現代のミャンマー人たちは英語から大量の語彙を動詞として借用している。中には日本語と同様に英語では動詞でないものも動詞として使用しているケースもある。

 cʰéıN- (to change)「換える」
 jwáıN- (to join)「繋ぐ」
 ʔìNtà+byú- (to interview)「インタビューする」

インターネット用語はもはや英語起源の動詞なしでは立ちゆかない。

 kăliʔ- (to click)「クリックする」
 dáuN- (down)「ダウンロードする」
 dălî- (to delete)「削除する」

もちろん日本語の「〜する」のように形式動詞 louʔ-「する」等を使ったものもある。こちらの方が借用はしやすいと思われる。

 dáuNlouʔ+louʔ- (to download +する)「ダウンロードする」
 dălî-+louʔ- (to delete +する)「削除する」

動詞借用の伝統

ビルマ語の英語との最初の接触は19世紀末から始まるイギリス統治時代に始まる。20世紀初頭には既にこのような動詞としての借用はあった。今でも ʔòkè- (OK) などよく使うが、比較的早い時期に借用していたと思われる。

実はこのような借用はビルマ語が文字として書かれ始めた12世紀初頭に既に見られるのである。最も古い年代の入ったヤーザクマー碑文（1112年、ミャゼディ碑文として有名）に tʰàpănà（< ṭhapana）「安置する」というパーリ語が動詞として使用されている例が見られる。

パーリ語は釈迦が話していた言葉に最も近いと考えられている言語で、大陸部東南アジアで広く信仰されている上座部仏教の聖典語である。今は死語だが、ビルマ語だけでなくクメール語やラオ語、タイ語も多くの語彙を借用している。

ビルマ語には、パーリ語やサンスクリット語からの動詞としての借用が少なくない。ビルマ族が歴史に登場するまさにその時期に既にこのような外来語のユニークな使用が見られるというのは大変に興味深い。

近年大量に入ってくる英語からの借用をミャンマーの大人たち（特に大学の国文学科教員など）は苦々しく思っている。インターネット上の文章（Facebookやブログなど）を読んでいると確かに大量の外来語を使ったものにしばしば出会う。中にはどう読んだらよいのか分からない奇天烈な綴りもあり、戸惑うことも少なくない。だから保守的な大人たちの心情も理解できないではない。ただこのような変化はビルマ語が今まさに活きている言語であることを示すとともに、ビルマ人の伝統ともいうべき言語的特徴をもよく受け継いでいるといえる。（おかの・けんじ）

母語の誉れ、そのわけは……

吉枝聡子

ペルシア語
[主な使用地域] イラン、タジキスタン、アフガニスタンなど
[母語とする話者数] 約6200万人
[文字] ペルシア文字（ペルシア語、ダリー語）、キリル文字（タジク語）

　パラダイス、チェック、ブドウにパジャマ。これらの語がペルシア語に起源をもつことは、ご存じだろうか。

　ペルシア語は、現在のイラン、アフガニスタン、タジキスタンの公用語である。イランではペルシア語、アフガニスタンではダリー語、タジキスタンではタジク語と、異なる名称で呼ばれるが、相互理解は十分可能で、ペルシア語の変種と考えて差しつかえない。ペルシア語とダリー語はアラビア文字（正確にはアラビア文字に4文字足したペルシア文字）で書かれるが、言語系統はインド・ヨーロッパ語族に属する。

おしゃべりの技法

　唐突だが、イラン人の休日を少しのぞいてみよう。イラン人は、おしゃべりとピクニックが大好きだ。休みともなれば、havāxori（空気食い≒森林浴）と称して郊外にくり出し、お茶を飲みながら日がな一日おしゃべりに興じる。彼らのことばに耳を傾けてみる。

　すると、有名な詩句が引用されていたり、ちょっとした冗談にも、韻を踏んだ言い回しが用いられていることに気づくだろう。我々がイラン人と話をする際にも、古典詩や格言、韻を踏んだ表現などを織りまぜると、「あなたは私たちの心を何よりも理解してくれている！」と、ことのほか喜ばれる。書店には、'自称'研究家たちによる、人気ペルシア詩人の私家版研究書がずらりと並ぶ。イラン人のペルシア語文化に対する関心の高さには、舌を巻くばかりだ。イラン人と話していると、彼らがペルシア語を自らの誇りとして、いかに大切にしているかを、如実に感じとることができる。

　これはどのような経緯によるものなのか。その理由を歴史から簡単にひもといてみることにしよう。

ペルシア語文化圏の成立と拡大

　イランの歴史は、アケメネス朝ペルシアの成立から数えるとして、2500年以上前にさかのぼる。当時のオリエントは、我々が想像するよりもはるかにグローバルな世界であったようだ。紙幅の都合で詳細はひかえるが、西欧の言語に入ったペルシア語起源の借用語には、当時のペルシアと西方との密接なつながりを彷彿とさせるものが、少なからずある。

　例えば、paradise「天国」は、古代イラン語 pari-daiza-「（王のための）狩猟場」（pari-「周りに」+daiza-「土をこねて作った」）にさかのぼる。この後ギリシア語に入って「庭園」、聖書のギリシア語訳で「天国」となった。check「阻止する、チェックする、小切手」は中期ペルシア語 šāh「王」から。チェス用語 checkmate

の起源となった šāh-māt「王死＝王手」の前半部分が、フランス語を経由して英語に入った。インド起源のチェスは、サーサーン朝時代にアラブ経由でヨーロッパに伝わっている。このほか、アケメネス朝時代の借用語には、magic「魔法、魔術」などがある。

7世紀に入ると、イラン民族にとって、歴史、政治、宗教、社会、文化、言語などの全てにわたる、最大の転換点が到来する。アラブ民族の侵入とイランのイスラーム化である。イラン人研究者が「沈黙の2世紀」と呼ぶ、アラブ征服から約200年の間、ペルシア語は文字どおり「沈黙」状態にあり、文献資料はほとんど確認されていない。

しかし、ペルシア語は息もたえだえに沈黙していたのではない。この200年の間に、ペルシア語は、サーサーン朝時代の話しことばに、アラビア文字という新たな表記法を採用し、大量のアラビア語語彙と方言的要素をとり入れ、咀嚼し、着々と力をたくわえつつあった。

言ってみればこの期間は、次の再生ステップへ向けた、言語力の涵養のための時期であった。そして10世紀以降に初めて、アラビア系文字によって表記され、ペルシア語は装いもあらたに登場することになった。のちに現在のペルシア語へとつながる、近世ペルシア語の誕生である。これ以降、ペルシア語は堰を切ったかのように、その底力を発揮しはじめる。古典詩を中心とする豊かなペルシア文学が花開き、幾多の知識人、哲学者・思想家たちが次々と輩出された。

13〜14世紀頃には、ペルシア語はすでに書記言語としての地位を確立しており、アラビア語に代わって、特にスーフィズムとの関わりでイスラームの教えを東方へと伝えた。かくて、イラン〜西トルキスタン〜インドにわたる、広大な「ペルシア語文化圏」が成立し、ペルシア語は、地域の共通語・文化教養語として、確固たる地位を築くことになった。

イラン系王朝はもちろん、中央アジアを支配したトルコ系民族の王朝でも、ペルシア語が行政用語となり、イラン系官僚が実務を取りしきった。また当時は、東方と西方を結ぶオアシスの道、いわゆるシルクロードが主要通商路として華かなりし時代であったが、ここで活躍したのはイラン系言語を話す人びとだった。バーザール（市場）で、キャラヴァンサライ（隊商宿）で——もちろんどちらもペルシア語由来——また情報交換や商談などの様々な場で、ペルシア語は、異なる言語を話す民族の間の共通語として用いられた。

13世紀に彼の地を旅したマルコ・ポーロの『東方見聞録』には、ペルシア語と思われる単語がいくつも見られる。ムガル朝インドでも宮廷言語にはペルシア語が用いられ、知識人は自らの教養としてペルシア語を習い、詩人はペルシア語で王をたたえる詩を作った。

中央アジアはその後、ロシアの支配下に入り、ソ連時代に成立した自治共和国時代に、それぞれの民族の言語を国語とするようになった。タジク語がキリル文字で書かれるのはこのためである。しかし、ブハラ、サマルカンドなどのウズベキスタンの都市では、今でもペルシア語

が通じるし、ウズベク語には多くのペルシア語系語彙が認められる。

魅惑の「ペルシャ」

一方、西欧世界では、東洋の文化や思想、芸術をエキゾチックで神秘的なものとして——ときに異質で前近代的なものとしての侮蔑も含め——、憧憬をもって受け入れる傾向があった。芸術の分野では、東洋の文化にインスピレーションを受けた作品が次々と生み出された。例えば、オペラ曲「セルセ」（ヘンデル）、「シェヘラザード」（リムスキー＝コルサコフ）、「ペルシャの市場にて」（ケテルビー）、ゲーテによる『西東詩集』、ニーチェの『ツァラトゥストラはかく語りき』などなど。

このような流れの中で、ペルシア語は、アラビア語と並びイスラーム圏を代表する言語として注目された。ペルシア語は「中東のフランス語（またはイタリア語）」と称されることがあるが、これは、響きの美しさもさることながら、同じくヨーロッパにおける教養語であった、フランス語やイタリア語の地位と比較されたためにほかならない。

「沈黙の2世紀」を経た成立から一千年以上にわたって受けつがれてきた、豊かな文学伝統に代表されるペルシア語文化は、現在もなお、ペルシア語を母語とする人びとの誇りであり、かけがえのない共有財産となっている。

イラン人なら誰でもひいきの詩人がいて、その詩をそらんじている。家庭では、子供は小学校に上がる前からペルシアの古典詩を憶え、親が誇らしげに客人の前で朗誦させることもめずらしくない。冬至の祭りや大晦日の際、あるいは何か心配事や悩みがある時、イラン人は、彼らが最も愛する国民的詩人ハーフェズの詩集を開き、そこに記されている詩によって、自らの人生や願いごとの行く末を占う。ハーフェズは14世紀に活躍した詩人だが、700年を経てなお、イラン人の心にぴたりと寄りそっている。

ペルシア語文化に対する関心の高さは、むろんイラン人だけのものではない。タジキスタンでは、春分を祝う祭りの時期には、春の訪れを悦ぶタジク語の詩句が街中に描かれる。筆者がこの春に泊まったあるホテルでは、毎晩異なる古典詩の入ったカードが枕元に置かれ、部屋に戻ってくるのが楽しみだったものだ。国が違っても、ペルシア語文化を想う人びとの心はかわらない。

理解のための補助線

残念なことに、現在のペルシア語世界に対する国際的なイメージは、1979年のイラン・イスラーム革命以降、がらりと変わってしまった。最近では、イスラーム・中東情勢の悪化も手伝って、イランといえば、イスラーム原理主義、過激派、厳格な服装規制、経済制裁等々といったキーワードで語られ、マスコミを中心に、何やら不気味で不可解な、前時代的なものとして捉えられる。

一方で、ペルシャ絨毯、ペルシャ産ザクロ、ペルシャ猫など、どこか高雅でエキゾチックなイメージを前面に出したい時は、「ペルシャ」（＝ペルシア）が使われる。西欧のオリエンタリズムの受け売

り、あるいは日本独特のシルクロード・ロマンチシズムの成せるわざといえるだろう。同じ地域を表すのに、呼び名によってこれほどイメージが違う国もめずらしい。しかしどちらも、その担い手はペルシア語を話す人びとなのである。

彼らが自らの魂として大切に育んできたものを見ずして、どうして対話などできようか。イランを、タジキスタンを、アフガニスタンを知りたいなら、どのバイアスにも依らずに、ペルシア語で直接近づいてみてほしい。それが彼らを理解するための、最も確かな補助線の1つなのだから。

最後にブドウとパジャマについて。ブドウはペルシア語 bāde「酒、ブドウ酒」より、シルクロード〜中国語「葡桃、葡萄」経由で。パジャマはペルシア語 pāy-jāma「足用の服（ズボン）」より。インドに駐留していたイギリス人経由で英語に入ったと思われる。同じく日本に入ったペルシア語起源の外来語でも、語によって、その通り道に大きな違いがあるのだ。(よしえ・さとこ)

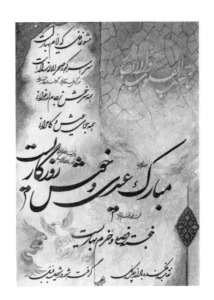

ペルシア語のノウルーズ（新春）カード。
流麗な文字も自慢の1つ。

タジク語のナウローズ（＝ノウルーズ）カード

民族文字の復興

温品廉三

モンゴル語
[主な使用地域] モンゴル、中国・内モンゴル自治区、ロシア・ブリヤート共和国およびカルムィク共和国
[母語とする話者数] 約800万人
[文字] キリル文字、モンゴル文字

　モンゴル文字は書写方向が独特である。つねに上から下へ書く「たて文字」なのだ。日本語の漢字・かな混じり文のように、たて書きもよこ書きも可能、というわけではない。モンゴル文字で書かれた書物をながめていると、背筋をまっすぐに伸ばした人たちがきれいに整列しているようにも見える。

　モンゴル国では、この伝統的な文字を復活させる事業がゆるやかな速度で進められている。

　モンゴル文字はチンギス・ハーンの時代から使われてきた民族文字なのに、現在のモンゴル国においては公用文字ではない。キリル文字が公用文字である。ロシア語のアルファベットとおなじものが1940年代から使用され、それ以降、モンゴル文字は「古い文字」とよばれていた。

　1924年に成立したモンゴル人民共和国は、政治面では旧ソ連の友好国であった。経済や文化面でもソ連との結びつきが強くなり、モンゴルから勤労者や留学生がソ連各地の都市に派遣された。

　言語面でも1946年から大きな改革がおこなわれた。モンゴル語を書きあらわす文字をロシア語アルファベットとおなじものにすることになったのだ。モンゴルでは、キリル文字は「新文字」とよばれ、急速に普及した。あらゆる書物、新聞雑誌類がキリル文字で印刷出版され、学校教育もすべてキリル文字でおこなわれるようになった。

　モンゴル語とロシア語は、言語の系統が全く異なる。発音体系も大きく違う。しかし、借りてきた文字だけは、数十年のうちにモンゴル国の人々になじんだものとなっていった。

　一方、モンゴル文字のほうは、一般国民にとっては忘れられたものになった。日常生活では全く使われなくなったのだ。モンゴル文字を読み書きできるのは、キリル文字採用以前に学校教育を受けた人たちと、大学の歴史学科やモンゴル文学・モンゴル言語学のコースに進んだ人たちに限られていた。

　ただ、キリル文字全盛時代においても、国語学者や文学者の中にはキリル文字の使用をよしとせず、モンゴル文字を復活させたいと考える人たちもいた。

　そのような一人が、L先生である。1989年秋に来日され、3年間東京外国語大学のモンゴル語学科で教鞭をとられた。ちょうど1980年代終盤からモンゴルでは民主化運動が進められ、民族文化復活が叫ばれている時期だった。

　90年代初めにはソ連が崩壊し、モンゴルは「ソ連離れ」をすることになった。社会体制も変わり、国名も「モンゴル国」と

改称する。L先生は、日本に滞在しながら、『モンゴル文字・キリル文字対照字典』編纂の仕事に携わっておられた。モンゴル文字を国民の間にとりもどすために必要なハンドブックとして作製されたものだった。L先生の帰国後1993年に日本で印刷され、モンゴルに届けられた。

L先生は、大学の授業でもモンゴル文字を教えることに情熱を注がれた。従来ネイティブの先生はキリル文字の教材を使って会話の授業をするのが慣例だったが、L先生は自らの意志で授業内容を決められた。クラスの学生たちに毎回モンゴル文字を筆写する宿題を出して、全員のノートをていねいに添削された。「日本の学生でもこんなに上手にモンゴル文字が書けるんだ。モンゴルの学生たちにも見てもらおう」と、うれしそうに語っておられたのを記憶している。

1990年代前半に定められた国の計画では、文字改革を早急に進めることになっていた。基本方針には、次のような項目があった。

1. 小学校1年生（10年制中学の初級コース1年生）からモンゴル文字を教える。
2. 2000年までは、公文書等の使用文字を「キリル文字が主で、モンゴル文字が従」とし、2000年以降は「モンゴル文字が主で、キリル文字が従」とする。
3. 理工系の書物以外の、文学書等の本・新聞雑誌類は、なるべく早い時期にモンゴル文字使用に移行する。

モンゴル文字による『モンゴル文字・キリル文字対照字典』の前書き。左から右に行が並ぶ。

当時の「文学芸術新聞」の記事（1989年11月）からも、文字改革を急いでいるようすがうかがえる。

> モンゴル文字普及協会なるものが設立され、10月1日から一般市民にモンゴル文字を教える活動を始めた。特別プログラムによる授業を受けてもらい、1カ月以内に習得することを目標とする。すでに300余名が参加し、毎日2時間の学習により1カ月で読み書きできるようになっている。……（教える立場になる）小中学校の教員には、1週間ごとに助言を与える。……

さて、時が経過し、2016年。現在も、公用文字はキリル文字のままである。結

「モンゴル文字使用開始800周年」を記念する書籍。本文はキリル文字で書かれている。

局「2000年からモンゴル文字が主」とはなりえなかった。

90年代の時点ですでに50年間の「キリル文字の蓄積」があったのだ。すなわち、あらゆる分野のあらゆる書物・文献がキリル文字で書かれ、義務教育も諸々の社会・文化活動もキリル文字でなされていた。これを一気にモンゴル文字に切り替えるのは至難のわざであろう。

しかし、モンゴル文字の普及活動は地道に継続されている。各種解説書が出版されたり、小中学校用のわかりやすい教科書や文字練習帳も作成されたりしている。現在では、小学校の3年生からモンゴル文字を教えるのが標準となった。現時点での国の文字政策は、「国民が、キリル文字とモンゴル文字の両方を読み書きできるようになること」を目標にして

いるようである。

ところで、モンゴル民族の居住地域はモンゴル国だけではない。比較的人口の多い地域に、中国の内モンゴル自治区がある。内モンゴル自治区で使用されている文字は、たて書きのモンゴル文字のみである。キリル文字は全く使われない。

モンゴル国の人と内モンゴルの人が出会った場合、口頭で話せばお互いにコミュニケーションできる。しかし、お互いが自分の地域の新聞や雑誌を見せ合っても相手の文字が読めないということがある。おなじ民族が、地域によって別々の文字を使っていることによる現象である。

2004年にモンゴル国で、「モンゴル文字使用開始800周年」を記念した1冊の本が出版された。モンゴル文字復活を願う学者や作家、各分野の有識者たちの熱き思いをまとめたものである。

「モンゴル文字こそがわが民族の文字だ」「モンゴル文字を守って後世に伝えることこそが我々の責務だ」「モンゴル文字を学ばずして伝統ある自らの文化を理解することはできない」……多くの人がこのような文言を綴っている。

この本の冒頭には、2003年6月に公布された大統領令が掲げられている。その中には「今後、毎年5月の第1日曜日をモンゴルの民族文字記念日の祝日とし、モンゴル文字普及に関わる各種行事を実施する」とある。

モンゴル国におけるモンゴル文字復活がこれからどのように進展していくかを、しっかりと見守っていきたいと思う。(ぬくしな・れんぞう)

東京外国語大学では27の言語を専攻することができる。本書に掲載した27言語がそれらである。興味深いのは、それぞれの言語を学ぶうちに学生たちの発想や行動様式が、だんだんその言語が話されている地域の人々のものに似ていくことだ。

　さらに、世界の80を超える国や地域から来た六百数十名の留学生が学んでいる。学部に入学する学生の数が、言語文化学部と国際社会学部両方を合わせて715名だから、留学生がもう1学年いる感じだ。世界のさまざまな地域から来ている留学生と、世界諸地域の言語・文化・社会を「身」を以て獲得していく学生たち。この多言語・多文化キャンパスは宝だ。その一端を、本書を通して知っていただければ幸いである。

　「東京外国語大学」というと、外国語しか学んでいないイメージを与えてしまうことがあるが、学ぶのは言語だけではない。学生は、言語文化学部では世界諸地域の言語と文化を、国際社会学部では世界諸地域の社会の仕組みを専門的に学修する。ただ専門知のベースには必ずその地域の言語が礎としてある。それが最大の特徴なのだ。

　そしてその生命線ともいうべき言語の教育研究を支えているのが語学研究所だ。本書の27言語の原稿も、ほとんどを語学研究所員に執筆していただいた。成田節所長には、執筆者の人選および調整の労をとっていただいた。語学研究所の諸氏に深く謝意を表したい。

　また本書の企画・編集で多大なご協力をいただいた堀田真氏、竹園公一朗氏、轟木玲子氏をはじめとする編集部のみなさまには心から感謝申し上げる。

東京外国語大学　言語文化学部　学部長

武田千香

【執筆者一覧】

立石博高（たていし ひろたか）	東京外国語大学学長
沼野恭子（ぬまの きょうこ）	東京外国語大学教授
橋本雄一（はしもと ゆういち）	東京外国語大学准教授
藤縄康弘（ふじなわ やすひろ）	東京外国語大学准教授
武田千香（たけだ ちか）	東京外国語大学教授、言語文化学部長
金指久美子（かなざし くみこ）	東京外国語大学准教授
降幡正志（ふりはた まさし）	東京外国語大学准教授
花本知子（はなもと ともこ）	京都外国語大学准教授
成田節（なりた たかし）	東京外国語大学教授
水野善文（みずの よしふみ）	東京外国語大学教授
上田広美（うえだ ひろみ）	東京外国語大学准教授
森田耕司（もりた こおじ）	東京外国語大学准教授
宇戸清治（うど せいじ）	東京外国語大学名誉教授
中澤英彦（なかざわ ひでひこ）	東京外国語大学名誉教授
長渡陽一（ながと よういち）	東京外国語大学非常勤講師
野村恵造（のむら けいぞう）	東京女子大学教授
五十嵐孔一（いからし こういち）	東京外国語大学教授
秋廣尚恵（あきひろ ひさえ）	東京外国語大学講師
野元裕樹（のもと ひろき）	東京外国語大学准教授
野平宗弘（のひら むねひろ）	東京外国語大学講師
丹羽京子（にわ きょうこ）	東京外国語大学准教授
菅原睦（すがはら むつみ）	東京外国語大学准教授
川上茂信（かわかみ しげのぶ）	東京外国語大学教授
長屋尚典（ながや なおのり）	東京外国語大学講師
黒澤直俊（くろさわ なおとし）	東京外国語大学教授
荒川洋平（あらかわ ようへい）	東京外国語大学教授
萬宮健策（まみや けんさく）	東京外国語大学准教授
加藤晴子（かとう はるこ）	東京外国語大学教授
鈴木玲子（すずき れいこ）	東京外国語大学教授
岡野賢二（おかの けんじ）	東京外国語大学准教授
吉枝聡子（よしえ さとこ）	東京外国語大学准教授
温品廉三（ぬくしな れんぞう）	東京外国語大学講師

図版提供＝東京外国語大学
座談会構成＝伊藤達也
組版＝鈴木さゆみ
デザイン＝小林剛
編集＝堀田真＋竹園公一朗＋轟木玲子

言葉から社会を考える
この時代に〈他者〉とどう向き合うか

2016 年 11 月 15 日　印刷
2016 年 12 月 5 日　　発行

編　者	東京外国語大学言語文化学部
発行所	株式会社白水社
発行者	及川直志
	電話　03-3291-7811（営業部）7821（編集部）
	住所　〒101-0052　東京都千代田区神田小川町 3 の 24
	http://www.hakusuisha.co.jp
	振替　00190-5-33228
印刷 製本	図書印刷株式会社

乱丁・落丁本は送料小社負担にてお取り替えいたします。

本書のスキャン、デジタル化等の無断複製は著作権法上での例外を除き禁じられています。本書を代行業者等の第三者に依頼してスキャンやデジタル化することはたとえ個人や家庭内での利用であっても著作権法上認められておりません。

Printed in Japan
ISBN978-4-560-09530-0

会話から文法へ――はじめての入門書◆決定版！

ニューエクスプレス シリーズ

見やすい・わかりやすい・使いやすい！
知らない言葉へテイクオフ.　各巻A5判

ラテン語	岩崎 務
フランス語　(2色刷)	東郷雄二
イタリア語　(2色刷)	入江たまよ
オランダ語 (2色刷)	川村三喜男／佐藤弘幸
ドイツ語　(2色刷)	太田達也
スペイン語　(2色刷)	福嶌教隆
カタルーニャ語	田澤 耕
ブラジル ポルトガル語 (2色刷)	香川正子
イギリス英語	古家 聡／アン・C・イハタ
アイルランド語	梨本邦直
ノルウェー語	青木順子
スウェーデン語　(2色刷)	速水 望
フィンランド語	山川亜古
デンマーク語	三村竜之
ラトヴィア語	堀口大樹
リトアニア語	櫻井映子
セルビア語・クロアチア語	中島由美／野町素己
ブルガリア語	寺島憲治
チェコ語	保川亜矢子
ハンガリー語	早稲田みか／バルタ・ラースロー
ルーマニア語	鈴木信吾／鈴木エレナ
ポーランド語	石井哲士朗／三井レナータ
ウクライナ語	中澤英彦
ロシア語　(2色刷)	黒田龍之助
モンゴル語	橋本 勝
ヒンディー語	町田和彦
タミル語	宮本 城
シンハラ語	野口忠司
ウルドゥー語	萩田 博／萬宮健策
ベンガル語	丹羽京子
タイ語　(2色刷)	水野 潔
マレー語	ファリダ・モハメッド／近藤由美
カンボジア語	上田広美
ビルマ語	加藤昌彦
ラオス語	鈴木玲子
ベトナム語　(2色刷)	三上直光
フィリピノ語	山下美知子
中国語　(2色刷)	喜多山幸子
上海語	榎本英雄／范暁
広東語	飯田真紀
台湾語	村上嘉英
アイヌ語	中川 裕
スワヒリ語	竹村景子
アラビア語	竹田敏之
古典ヘブライ語	山田恵子
現代ヘブライ語	山田恵子
ペルシア語	浜畑祐子
トルコ語	大川 博
現代ギリシア語	木戸雅子
グルジア語	児島康宏
エスペラント語	安達信明

◎ニューエクスプレス・スペシャル◎
ニューエクスプレス・スペシャル
ヨーロッパのおもしろ言語　町田 健 監修

シャルリ・エブド事件を考える

鹿島 茂、関口涼子、堀 茂樹 編

イスラーム、国家、ライシテ、ＬＧＢＴ……表現の自由にとどまらぬ争点を浮上させた、パリの風刺週刊紙襲撃テロ！　フランス版の911ともいわれる事件を、30名におよぶ識者が緊急レポート。

❖❖❖◆❖❖❖

パリ同時テロ事件を考える

白水社編集部 編

緊急事態宣言が日常化した時代に、新たな危機とどう向き合うか？　シリア内戦からEU統合まで、27名の識者が事件の背景を検証。論客による座談会も収録。